Couvertures supérieure et inférieure
en couleur

RECTO ET VERSO

PUBLIE SOUS LA DIRECTION

DE LA

SECTION HISTORIQUE DE L'ÉTAT-MAJOR DE L'ARMÉE

La Guerre en Afrique

TACTIQUE
DES GROSSES COLONNES

Enseignements de l'expédition contre les Beni Snassen (1859)

PAR

le Commandant MORDACQ

COMMANDANT LE 25ᵉ BATAILLON DE CHASSEURS A PIED

PARIS

LIBRAIRIE MILITAIRE R. CHAPELOT ET Cⁱᵉ

IMPRIMEURS–ÉDITEURS

30, Rue et Passage Dauphine, 30

1908

LA GUERRE EN AFRIQUE

TACTIQUE

DES GROSSES COLONNES

PARIS — IMPRIMERIE R. CHAPELOT ET Cᵉ, 2, RUE CHRISTINE.

PUBLIÉ SOUS LA DIRECTION
DE LA
SECTION HISTORIQUE DE L'ÉTAT-MAJOR DE L'ARMÉE

La Guerre en Afrique

TACTIQUE

DES GROSSES COLONNES

Enseignements de l'expédition contre les Beni Snassen (1859)

PAR

le Commandant MORDACQ

COMMANDANT LE 25ᵉ BATAILLON DE CHASSEURS A PIED

PARIS

LIBRAIRIE MILITAIRE R. CHAPELOT ET Cⁱᵉ

IMPRIMEURS-ÉDITEURS

30, Rue et Passage Dauphine, 30

1908

PRÉFACE

On peut dire que, d'une façon générale, on est à peu près fixé actuellement sur la manière dont doit marcher, stationner et combattre, dans le Nord de l'Afrique, une colonne de faible effectif, que ce soit en pays montagneux ou dans une région découverte ; et, par colonne de faible effectif, nous entendons une force de 2,000 à 3,000 hommes ou au-dessous. Tous les hommes de guerre qui ont fait campagne en Algérie ont en effet laissé, à ce sujet, de longues et précieuses instructions, qui depuis, d'ailleurs, ont toujours été fidèlement suivies et ont reçu par conséquent la meilleure des consécrations : celle de la pratique. Nous rappelons seulement, pour mémoire, les noms de leurs auteurs : les Bugeaud (1), les Yusuf (2), les Randon (3), les Lapasset (4), etc.

---

(1) *Mémoire sur notre établissement dans la province d'Oran par suite de la paix*, Paris, Gauthier-Laguionie, 1838, in-8°. — *Aperçus sur quelques détails de la guerre*, Paris, Duverger, 1832, in-8° ; Leneveu, 1846, in-32 ; Dumaine, 1846, in-18. — *L'Algérie. Des moyens de conserver et d'utiliser cette conquête*, Paris, Dentu, 1842, in-8°. — *Instructions pratiques du maréchal Bugeaud, duc d'Isly, pour les troupes en campagne*, Paris, Leneveu, 1854. — *Mémoires et Correspondance*, Archives historiques de la guerre (A. H. G.).

(2) *De la guerre en Afrique*, Alger, Bourget, 1850, in-8° ; Paris, Dumaine, 1851, in-8°.

(3) *Mémoires*, Paris, Lahure, 1875-1877, 2 vol. in-8°.

(4) *La guerre en Algérie*, Paris, Tanera, 1873, in-16.

1

Il y a une vingtaine d'années, le général Bréart, commandant le 19e corps d'armée, eut même l'excellente idée de faire rédiger une synthèse des différents principes émis par ces généraux, d'où l' « Instruction pour la conduite des colonnes en Algérie (1) » qui, à l'heure actuelle, pour les opérations de faible envergure, pour la conduite des petites colonnes, constitue une base des plus sérieuses et des plus utiles.

Mais si l'on envisage des colonnes de gros effectif, c'est-à-dire comprenant des forces s'élevant à 15,000 et 20,000 hommes et davantage, on constate que nous ne possédons aucun document nous indiquant la façon dont de semblables colonnes doivent stationner, marcher et combattre en Afrique. Évidemment, certains principes (nous dirons même un très grand nombre) admis pour les petites colonnes, sont également applicables à celles de gros effectifs ; mais il n'en est pas moins vrai, qu'en pratique, l'organisation et la conduite de ces deux genres de colonnes présentent des différences considérables.

On s'explique d'ailleurs très bien que cette question d'organisation et de conduite de grosses colonnes ait été laissée quelque peu de côté. Depuis de longues années, depuis plus de quarante ans, nous n'avons pas eu en effet, heureusement, à en organiser de semblables en Algérie ; celles de Tunisie, eu égard au genre d'adversaires auxquels on avait affaire, n'ont jamais compris plus de 7,000 à 8,000 hommes.

Les opérations dirigées, en 1859, par le général de Martimprey contre les Beni Snassen, Angad, Mahia, Zakkara, Beni Guil et autres tribus marocaines peuvent donner d'intéressants renseignements.

Très habilement conduite, cette expédition n'en a pas

---

(1) 9 juillet 1890, état-major du 19e corps d'armée.

moins laissé les souvenirs les plus pénibles, en raison du nombre considérable de victimes que fit le choléra (le cinquième de l'effectif, soit près de 3,000 hommes), aussi généralement n'aime-t-on pas à la rappeler.

Le général de Martimprey, qui fut placé à la tête du corps expéditionnaire, était un organisateur de premier ordre et fut certainement, sous le second Empire, un des plus brillants représentants de l'ancien corps d'état-major. Pendant la guerre d'Italie, en 1859, il joua un rôle tout à fait prépondérant ; des *Mémoires* publiés récemment sur cette époque (1) nous le montrent, sur le champ de bataille, notamment, suppléant par son activité, son initiative intelligente, à la torpeur étrange qui, maintes fois, s'empara de l'empereur Napoléon III et de son entourage. A Magenta, à Solférino, c'est à lui que les officiers d'état-major, las de s'adresser à l'Empereur ou au Major général, viennent demander des instructions. Aussi, à la fin de la guerre d'Italie, dès que le mouvement insurrectionnel sur les frontières du Maroc prit une tournure grave, le maréchal Randon, alors Ministre de la guerre, qui se connaissait en hommes et en choses d'Afrique, le fit-il désigner pour le gouvernement de l'Algérie.

Le général de Martimprey avait d'ailleurs fait campagne longtemps en Afrique, soit avec Bugeaud, soit avec le maréchal Randon, et avait pris notamment une part des plus brillantes à la bataille d'Isly. Avant de quitter Paris, le maréchal Randon qui, deux années auparavant, en 1857, avait dirigé l'expédition de Kabylie, c'est-à-dire les plus importantes colonnes, en tant qu'effectif, qui furent jamais mises sur pied en Algérie, lui exposa, avec toute l'autorité et la compétence que lui

---

(1) Germain Bapst, *Le Maréchal Canrobert, souvenirs d'un siècle*, Paris, Plon, 1904, in-8°, t. III.

avait données l'expérience, les principes directeurs qui
devaient présider à l'organisation, puis à la conduite de
ce genre de colonnes. Il en résulta que ces colonnes de
1859, dont l'effectif varia entre 15,000 et 16,000 hommes,
furent organisées et conduites en mettant à profit toute
l'expérience acquise jusque-là dans nos guerres d'Algérie ; elles sont donc éminemment instructives.

Elles restent d'ailleurs intéressantes à d'autres points
de vue. Elles eurent lieu en plein Maroc. Le corps expéditionnaire parcourut à peu près tous les genres de régions
et de terrains que l'on est appelé à rencontrer dans l'empire du Maghreb, pays plat et pays montagneux, terrains
couverts et terrains découverts. Il eut donc à prendre,
surtout pour stationner et marcher, des formations appro-
priées. D'autre part, on ne saurait oublier que la concentration ou plutôt la préparation de l'expédition, si importante quand il s'agit de guerre coloniale, se fit sur la
frontière même du Maroc.

Enfin, la durée relativement assez longue de la campagne (45 jours), ainsi que la diversité des situations, permet d'étudier dans ses moindres détails l'organisation
et le fonctionnement de colonnes à gros effectifs.

Telles sont les différentes raisons qui nous ont incité à
entreprendre l'étude de cette expédition. Étant donné le
point de vue auquel nous nous sommes placé, nous
avons cherché, naturellement, à faire surtout « œuvre
didactique » et à tirer de cette expédition le maximum
d'enseignements. C'est ce qui nous a conduit à exposer
plutôt sommairement les opérations proprement dites
et à insister tout spécialement, d'une part, sur la préparation de l'expédition, et d'autre part, sur les enseignements tactiques que l'on peut en déduire.

Les guerres franco-marocaine de 1844 et hispano-
marocaine de 1859-60 fournissent, en ce qui concerne le
combat proprement dit, des enseignements très intéressants ; mais, en campagne, on ne se bat pas tous les

jours, par contre, quotidiennement, on stationne, on marche, on se ravitaille : c'est en quoi l'expédition de 1859 vient très heureusement compléter les guerres précitées, montrant surtout comment une colonne un peu considérable, appelée à opérer dans le Nord de l'Afrique, doit « stationner, marcher et se ravitailler ».

Sa préparation, en raison même des circonstances, fut peut-être un peu lente, un peu pénible; mais l'expédition proprement dite fut ensuite très habilement conduite et constitue, pour l'avenir, une source d'enseignements des plus fécondes.

CHAPITRE PREMIER

Les causes de l'expédition.

Nous sommes en 1859, au lendemain de la guerre d'Italie. L'armée d'Afrique, comme toujours, avait été largement mise à contribution, et les populations indigènes de la province d'Oran furent vivement frappées du nombre considérable de troupes qui avaient quitté l'Algérie. Sans doute, pour les remplacer, quelques envois avaient été faits de France, mais ils se composaient uniquement de recrues qui arrivaient dans un assez triste état, sans armes, sans vêtements, mal chaussées, dans une tenue véritablement pitoyable. Les indigènes en vinrent bien vite à conclure « qu'il y avait pénurie de soldats en France (1) », puisque l'on en était réduit, ainsi que le disait un de leurs grands chefs, à envoyer « des civils pour garder l'Algérie (2) ». D'autre part, les chefs arabes, à qui nous avions donné l'investiture, en voyant les provinces aussi dégarnies de troupes, mani-

---

(1) Journal des marches et opérations sur la frontière du Maroc, commencé le 6 octobre 1859, terminé le 1ᵉʳ décembre de la même année et rédigé sous la direction du général Borel de Brétizel, chef d'état-major général du corps expéditionnaire (A. H. G.).

(2) « J'ai appris aussi à Tlemcen que les indigènes avaient été fort étonnés de voir arriver des *civils* dans nos régiments. Cette arrivée coïncidant d'ailleurs avec la guerre d'Italie, ils ont pensé avec leur naïveté caractéristique que la France n'avait plus de soldats, et se sont dit et répété qu'elle était obligée d'envoyer des bourgeois pour garder l'Algérie » [Lettre du général de Martimprey au Ministre de la guerre, Tlemcen, 12 octobre 1859 (A. H. G.)].

festaient une certaine inquiétude qui fut rapidement remarquée dans les milieux musulmans.

Une telle situation ne pouvait manquer d'être exploitée. On apprit bientôt, en effet, qu'un certain Mohammed Ben-Abd-Allah, se présentant comme le Mouley-Saa, se faisait passer pour chérif (descendant de Mahomet) et rappelait partout la prédiction qui assignait un terme de 30 ans à notre domination.

Peu après il prêchait la guerre sainte chez les Beni Snassen et tentait de soulever contre nous, non seulement les tribus de la montagne mais encore celles de la plaine (Angad et Mahia). Abd-Allah était patronné par Abd-El-Selam, le chef de l'ordre des Mouley Taïeb. Ce dernier déclarait ouvertement qu'Abd-Allah était son Khalifat (lieutenant), que l'on devait se rallier autour de lui pour commencer la guerre sainte, que lui-même arriverait d'ici peu avec de nombreux contingents et attaquerait Maghnia.

Les paroles se transformèrent bientôt en actes. Évidemment, sur cette frontière du Maroc, se produisaient assez souvent, à cette époque, un certain nombre d'actes de brigandage, dont l'autorité supérieure ne s'émouvait pas outre mesure ; leur répression était plutôt du ressort de la police du pays que du domaine des opérations militaires. Mais au mois d'août 1859, ces actes de brigandage prirent une tout autre tournure ; nos douars, nos convois furent attaqués, et dans le courant du mois, les Mahia et les Angad, rentrant du Sahara, vinrent s'établir sans autorisation sur notre territoire. Le caïd d'Oudjda, représentant du sultan du Maroc, vint même recevoir la diffa dans un des douars marocains établis en pays oranais. D'ailleurs, notre service de renseignements faisait connaître que l'agitation créée par Mohammed Ben-Abd-Allah prenait, de jour en jour, une plus grande extension et que le chérif ne cessait d'engager les tribus marocaines à marcher contre nous.

Le 31 août, trois escadrons français et des goumiers furent attaqués près de Zouïa par 1,200 Marocains ; les goumiers tournèrent bride et nos escadons demeurèrent à grand'peine maîtres du terrain, après avoir subi de grosses pertes (17 tués, 2 blessés, 11 disparus) (1). Le caïd d'Oudjda avait pris part à l'affaire avec bon nombre de cavaliers marocains.

Le 1er septembre, Mohammed Ben-Abd-Allah prenait enfin lui-même le commandement de 3,000 cavaliers ou fantassins et attaquait, sans succès il est vrai, la redoute et le caravansérail de Sidi Zaher (2).

Quelques jours après, le 11, avec 6,000 à 7,000 cavaliers ou fantassins, appartenant aux Angad, Mahia et Beni Snassen, il essayait de surprendre à Tiouly (3) le camp du commandant Beauprêtre, commandant supérieur de Nemours, mais n'était pas plus heureux (4).

---

(1) Rapport du commandant Bachelier sur le combat de Zouïa, Lalla Maghnia, 31 août, 6 h. 30 soir (Documents annexes, p. 1).

(2) Où se trouvaient deux compagnies de Tirailleurs et une compagnie du 24e de ligne [Rapport du chef de bataillon Lecoq, Ghar Rouban, 7 septembre (Documents annexes, p. 2)].

(3) Le 13e bataillon de chasseurs, deux bataillons de zouaves, un bataillon du 81e, un escadron de chasseurs, un détachement de spahis et le goum étaient réunis dans ce camp de Tiouly situé sur la rive droite de l'oued Zlama, juste en face du marabout de Sidi-Brahim, où quatre ans plus tôt Abd-el-Kader avait anéanti les troupes du lieutenant-colonel de Montagnac [Rapport du commandant Beauprêtre, Tiouly, 11 septembre (Documents annexes, p. 4)].

(4) Il est regrettable que ce jour-là, le général Thomas, campé à Ras Mouilah (sur l'oued Mouïlah, à l'Est de Korkar Abd er Rhamane), ne se soit pas porté par Sidi bou Djenane sur les derrières des contingents marocains engagés avec le commandant Beauprêtre.

Ainsi que le fait remarquer le général Esterhazy dans une lettre adressée au Ministre de la guerre, le 17 septembre 1859, « avec les forces

En présence de ces événements, des renforts assez importants furent dirigés vers la province d'Oran et principalement vers toutes les garnisons de la frontière. Mais il était évident qu'une défensive pure ne viendrait pas à bout d'un pareil mouvement. Ces différentes agressions avaient produit un effet énorme parmi les populations musulmanes qui, ne constatant pas de répression immédiate, étaient convaincues que notre domination commençait à chanceler. Le mouvement prenait d'ailleurs bientôt des proportions inquiétantes puisqu'il s'étendait jusqu'à la province d'Alger où des marchés venaient d'être pillés.

Il fallait donc agir et agir au plus vite. Il semble même que l'on avait beaucoup tardé et que si, dès le début, sans tenir plus compte de la frontière que les Marocains ne le faisaient eux-mêmes, on leur avait rendu coup pour coup, on aurait évité fort probablement la grande expédition devenue nécessaire quelques semaines plus tard.

Cependant depuis que ces graves événements se succédaient, le général Gues-Viller qui, au mois de mai 1859, avait remplacé, comme commandant supérieur de l'Algérie, le maréchal de Mac-Mahon appelé au commandement d'un corps d'armée dans la guerre d'Italie, n'avait pris, en quelque sorte, que des demi-mesures. Très âgé (1), d'un tempérament plutôt maladif, hanté par de graves soucis de famille, le nouveau commandant supérieur ne se trouvait pas à la hauteur de la situation et

dont il disposait, cet officier général eût coupé la retraite aux 6,000 ou 7,000 hommes du faux sultan et pris, sur ce même terrain, une revanche éclatante du désastre de Sidi-Brahim ». Il en exprima d'ailleurs le regret au général Thomas qui argua « qu'il n'avait pas pensé être en mesure de le faire » (A. H. G.).

(1) Il avait été rappelé du cadre de réserve.

surtout d'une situation aussi grave. Il s'était contenté de prescrire l'envoi à la frontière de toutes les troupes disponibles de la province d'Oran. Ainsi se formèrent successivement les camps ou rassemblements de l'oued Kouarda (1), de Tiouly, de Ras Mouïlah, de Maghnia, de Sidi Zaher, de Sebdou, etc. C'était le système du cordon, de l'éparpillement des forces avec tous ses inconvénients ; le Gouvernement impérial le comprit fort bien et, imputant au général Gues-Viller une large part de responsabilité dans la gravité des événements qui venaient de se dérouler dans la province d'Oran, il « l'autorisa à rentrer en France », puis le remplaça dans le commandement supérieur de l'Algérie par le général de Martimprey.

Ce dernier reçut l'ordre de rejoindre sur-le-champ le siège de son commandement, de procéder sur place à un examen sérieux de la situation et d'adresser au Gouvernement, le plus tôt possible, les propositions qu'il jugerait convenables pour ramener le calme sur la frontière.

En attendant, et pour montrer pratiquement aux populations arabes que nous avions l'intention bien arrêtée d'agir immédiatement contre les Marocains, deux colonnes légères furent formées à Sebdou et à Bel-Khélil.

La première de ces colonnes, sous le commandement du général Durrieu, se composait (2) :

1° De 8 compagnies d'infanterie appartenant au 24° de ligne, au 1er bataillon d'Afrique et au 2° Tirailleurs ;

2° De 3 escadrons de cavalerie fournis par les 1er et

(1) Ce camp était établi au point où la route de Nemours atteint l'oued Kouarda.

(2) Historiques du 24° de ligne, du 2° Tirailleurs et du 2° spahis.

2e régiments de chasseurs d'Afrique et par le 2e de spahis ;

3º Des goums de Sebdou, Mascara et Bel-Abbès.

La deuxième, placée sous les ordres du commandant de Colomb, comprit une compagnie du 1er bataillon d'Afrique et les goums du Sud, sous la direction de Sidi-Hamza.

Ces deux colonnes (1) reçurent pour mission de dissiper une forte réunion de contingents des Mahia, Beni Yala, Angad, Beni Bou Zeggou Sedja, qui venait, paraissait-il, de se constituer dans les environs de Sidi Djelali.

Elles trouvèrent le pays à peu près vide et ne semblèrent donner aucun résultat immédiat, mais elles n'en produisirent pas moins l'excellent effet de montrer aux Arabes ou aux Marocains que la France avait encore des soldats qui, loin de se confiner derrière les retranchements des postes, ne demandaient au contraire qu'à « faire parler la poudre ».

---

(1) Effectifs au 9 octobre 1859 :

Colonne de Sebdou : infanterie, 22 officiers, 973 hommes, 16 chevaux ou mulets ; cavalerie, 17 officiers, 407 hommes, 407 chevaux ou mulets ; 1,100 goumiers.

Colonne de Bel-Khélil : infanterie, 3 officiers, 100 hommes ; 700 goumiers [Situation établie au quartier général, à Oran, 9 octobre 1859 (A. H. G.)].

CHAPITRE II

La situation politique à l'arrivée du général de Martimprey.

Conformément aux instructions qu'il avait reçues, le général de Martimprey (1) se hâta de rejoindre le siège de son commandement et arriva à Alger le 21 septembre 1859.

Il se rendit bientôt compte, par lui-même, que la situation était particulièrement grave, et que, pour y remédier, il fallait prendre sur-le-champ les mesures les plus énergiques. L'éparpillement de nos troupes le long de la frontière nous conduisait à la défensive pure ; nous parions quelquefois les coups mais nous ne les rendions pas. Or, avec les Marocains, et en général avec tous les peuples de l'Islam, il est bien connu que l'on ne saurait

---

(1) Le général de Martimprey naquit en 1808. A sa sortie de Saint-Cyr, il entra dans le corps d'état-major et fut envoyé presque immédiatement en Afrique où il fit la plus grande partie de sa carrière. En 1854, en Crimée, il remplit les fonctions de chef d'état-major du corps expéditionnaire et y fut nommé général de division. De nouveau chef d'état-major général pendant la campagne d'Italie (1859), il joua pendant toute la durée de cette guerre un rôle des plus prépondérants. Désigné pour commander les forces de terre et de mer en Algérie en 1859, il dirigea l'expédition contre les Beni Snassen et fut nommé successivement sous-gouverneur puis gouverneur de cette colonie. En 1864, il réprima brillamment l'insurrection des Flitta. Revenu en France en 1867, il reçut le poste honorifique de gouverneur des Invalides. Pendant la Commune, il fut arrêté ; mais, très malade déjà à cette époque, il fut transporté à l'hôpital Dubois d'où il put s'échapper. Après la guerre, il reprit ses fonctions aux Invalides et mourut en 1873.

se faire respecter que si l'on rend au moins coup pour coup. En conséquence, il était nécessaire de prendre l'offensive, donc de concentrer les troupes et de marcher à l'ennemi.

Mais cet ennemi était marocain; les grandes tribus que nous devions châtier s'appelaient en effet les Beni Snassen, les Angad, les Mahia, toutes tribus appartenant à l'empire du Maghreb; il fallait donc opérer en plein Maroc. Cette considération n'arrêta cependant pas le général de Martimprey, et cela en raison même de la situation politique du pays à cette époque (septembre 1859).

Le sultan Abd-Er-Rhaman venait de mourir le 29 août 1859. Comme toujours, en pareil cas, dans l'empire du Maghreb, la succession au trône avait donné lieu à une série de révoltes, de troubles qui obligeaient le nouveau sultan, Sidi-Mohammed, à consolider tout d'abord son pouvoir à l'intérieur avant de pouvoir s'occuper des affaires extérieures. Cependant, celles-ci n'étaient pas à négliger car, au moment où survenait le décès du sultan Abd-Er-Rhaman, des négociations, des plus délicates d'ailleurs, étaient engagées avec le gouvernement espagnol.

Sidi-Mohammed demanda à ce dernier de prolonger de vingt jours le délai de dix jours qui avait été donné à Abd-Er-Rhaman pour accorder satisfaction de l'attaque de Ceuta. Pendant cette période eurent lieu de nouvelles agressions contre la garnison de Ceuta, agressions commises par les Riffains, peuplade kabyle qui habite le long de la côte. A l'expiration du délai précité de vingt jours, Sidi-Mohammed, toujours aux prises avec des difficultés intérieures, sollicita un troisième délai de neuf jours. Il lui fut accordé, mais cette fois l'Espagne exigea la cession des hauteurs qui commandent les ouvrages de la place de Ceuta.

Tel était l'état des négociations hispano-marocaines

à la fin du mois de septembre 1859, c'est-à-dire à l'arrivée du général de Martimprey en Algérie.

Le général de Martimprey n'était pas sans connaître cette situation, tout spécialement renseigné, en particulier, par le consul de France à Tanger, qui, depuis plus d'un mois, ne cessait d'adresser des remontrances à la cour chérifienne pour les actes de brigandage et les incursions armées faits sur notre territoire par des tribus marocaines. Las de se plaindre sans obtenir de réponse satisfaisante (ce qui au fond n'avait rien d'extraordinaire étant donnés les embarras intérieurs et extérieurs du nouveau sultan), notre consul à Tanger avait fini par déclarer au représentant de l'empereur dans cette ville « qu'il ne nous restait d'autre parti qu'à nous faire justice nous-mêmes en allant frapper les tribus que son Gouvernement était impuissant à contenir (1) ». Et ce dernier avait « donné à entendre que ce ne serait jamais cela qui nous brouillerait avec son maître (2) ».

Notre consul concluait que « dans cet état de la question, et notamment en l'absence du Gouvernement constitué, auquel je puisse aujourd'hui faire même parvenir une plainte, une vigoureuse représaille serait, je pense, d'autant plus opportune, qu'elle ferait taire de fâcheux commentaires sur des échecs dont on a grossi la portée, et me fournirait, en même temps, un excellent terrain pour poser la question vis-à-vis du futur délégué de Sidi-Mohammed (3) ».

On conçoit qu'une pareille opinion, émanant d'un homme particulièrement bien placé pour l'émettre en toute connaissance de cause, ait suffi pour lever les der-

---

(1) Le consul général à Tanger au général Esterhazy, commandant la division d'Oran, Tanger, 12 septembre 1859 (A. H. G.).

(2) *Ibid.*

(3) *Ibid.*

niers scrupules que pouvait avoir le général de Martimprey à porter la guerre sur le territoire marocain.

Mais il y avait lieu également d'envisager la question au point de vue diplomatique ou plus exactement au
point de vue des autres puissances européennes.

En ce qui concernait l'Espagne, elle ne pouvait voir
que favorablement une action militaire de notre part
contre les populations marocaines de la frontière. Étant
donnée en effet son intention bien arrêtée déjà, à cette
époque, de déclarer la guerre au sultan, une expédition
française allait constituer une diversion dont elle ne
pourrait que profiter (1).

Du côté de l'Angleterre, quelques-uns des rapports
fournis à cette époque par les généraux d'Algérie sur
la situation politique, allaient jusqu'à attribuer à cette
puissance, avec des réserves justifiées, semble-t-il, un
rôle occulte dans l'agitation marocaine (2).

Quoi qu'il en soit, le général de Martimprey n'hésita
pas à demander au Gouvernement impérial l'autori-

---

(1) « M. Schousboë est rentré hier de sa mission à Melila et aux îles
Zaffarines où il a été parfaitement reçu. Les Espagnols font des vœux
pour nos armes, en attendant les suites de l'ultimatum posé au Maroc
par leur gouvernement » [Lettre du général de Martimprey au Ministre
de la guerre, Nemours, 16 octobre 1859 (A H. G.)].

(2) C'est ainsi que nous trouvons le passage suivant dans une
dépêche du 12 septembre 1859 adressée par le général Gues-Viller au
Ministre de l'Algérie et des colonies :

« Grande agitation dans le Maroc qui recevrait de l'Angleterre des
armes et de la poudre. »

La conclusion d'un rapport du général Esterhazy, daté du 25 septembre (camp de Ras Mouilah) et relatif aux événements de la frontière marocaine, est particulièrement intéressante (*).

« Enfin, et je le dis avec la plus grande réserve mais je dois le con-
signer ici, dans l'opinion publique de tous les Arabes, *sans exception*,
l'Angleterre n'est pas étrangère à tous ces faits. Les apparitions succes-

(*) Archives historiques de la Guerre.

sation de diriger contre les Beni Snassen, Angad, Mahia et autres tribus marocaines ayant violé notre territoire, une expédition qui serait poussée jusqu'au cœur même de la région qu'elles habitaient ou fréquentaient.

L'autorisation lui ayant été accordée, il en commença immédiatement la préparation.

---

sives de bâtiments à vapeur anglais à la Moulouya au moment des premières attaques ne sont pas de nature à faire repousser cette idée (*). »

Le général Esterhazy n'avait pu d'ailleurs qu'être confirmé davantage dans cette idée par les renseignements suivants qu'il avait reçus, vers le 15 septembre, de notre consul à Tanger.

« Quant aux affirmations des Arabes de la province qui n'hésitent pas à dire que l'Angleterre a poussé le gouvernement marocain dans cette voie vis-à-vis de nous, il m'est beaucoup moins facile que vous le pensez d'en apprécier la valeur. Tout ce que je puis vous dire c'est que ces affirmations ne rencontrent pas une réfutation péremptoire dans la ligne de conduite de la mission d'Angleterre au Maroc (**). »

(*) « On a vu deux bâtiments anglais rôder sur la côte à l'embouchure de la Moulouya. » [Le général Gues-Viller aux Ministres de la Guerre et de l'Algérie, (D. T.), Alger, 2 septembre 1859, 7 h. 25 soir (A. H. G.)].

(**) Le Consul général, à Tanger, au Général commandant la division d'Oran, Tanger, 12 septembre 1859 (A. H. G.).

CHAPITRE III

La préparation dê l'expédition.

---

§ 1. — *Composition du corps expéditionnaire* (1).

Commandant en chef : général de division DE MARTIMPREY.

Quartier général : état-major ; service de l'artillerie ; service du génie ; service de l'intendance ; service de la prévôté ; vaguemestre général commandant le train ; trésor et postes.

1ᵣₑ DIVISION D'INFANTERIE.

Commandant : général de division WALSIN ESTERHAZY.

Quartier général : état-major ; service de l'artillerie ; service du génie ; intendance ; affaires arabes.

Infanterie (deux brigades). — 1ʳᵉ brigade (6 bataillons), général DELIGNY : 81ᵉ de ligne (2 bat.), 2ᵉ de zouaves (4 bat.).

---

(1) D'après une situation établie au quartier général, à Oran, le 9 octobre 1859 (A. H. G.).

Résumé de l'effectif à cette date (non compris les colonnes de Sebdou et de Bel-Khélil) :

	Officiers.	Hommes de troupe.	Chevaux ou mulets.
Infanterie (1ʳᵉ division)...........	185	6,339	305
— (2ᵉ division)...........	137	4,569	234
Cavalerie (17 escadrons)	116	1,913	1,993
Artillerie (16 pièces)	15	604	530
Génie.......................	5	131	48
Services administratifs, ambulances et administration	32	120	50
Train	13	900	1,350
États-majors, divers.............	63	201	294
Effectif général.....	566	14,777	4,807

2e brigade (5 bataillons), colonel DANGET : 3e de ligne (1 bat.), 24e de ligne (3 bat.), 2e de Tirailleurs (1 bat.).

Cavalerie (3 pelotons) : 2e de chasseurs d'Afrique (2 pel.), 2e de spahis (1 pel.).

Artillerie : deux sections de montagne, une section de fuséens (1), deux sections de mortiers de montagne, une section de campagne.

Génie : une section.

Service de santé : une ambulance.

Train des équipages : un détachement de 300 mulets.

Troupes d'administration : une section (2 officiers, 45 hommes).

2e DIVISION D'INFANTERIE.

Commandant : général de division YUSUF.

Quartier général : état-major; service de l'artillerie; service du génie; intendance.

Infanterie (deux brigades). — 1re brigade (4 bataillons), général DE LINIERS : 13e bataillon de chasseurs à pied (1 bat.), 9e de ligne (3 bat.).

2e brigade (4 bataillons), général THOMAS : 1er de zouaves (1 bat.), 2e étranger (2 bat.), 1er de Tirailleurs (1 bat.).

Cavalerie (3 pelotons) : 1er de chasseurs d'Afrique (2 pel.), 2e de spahis (1 pel.).

Artillerie : deux sections de montagne, une section d'obusiers rayés, une section de mortiers de montagne, une section de pontonniers, une section de parc.

Génie : une section.

Service de santé : une ambulance.

Train des équipages : un détachement de 275 mulets.

Troupes d'administration : une section (1 officier et 45 hommes).

DIVISION DE CAVALERIE.

Commandant : général de division DESVAUX.

Quartier général : état-major; intendance.

Deux brigades. — 1re brigade (7 escadrons), colonel BONNEMAINS : 1er de chasseurs (3 esc.), 12e de chasseurs (4 esc.).

2e brigade (10 escadrons), colonel DE BRÉMOND D'ARS : 1er de chasseurs d'Afrique (4 esc.), 2e de chasseurs d'Afrique (4 esc.), 2e de spahis (2 esc.).

600 goumiers des subdivisions de Tlemcen et d'Oran.

---

(1) Comprenant en tant que personnel : 2 officiers, 94 hommes de troupe et comme animaux : 60 chevaux ou mulets.

Service de santé : une ambulance.

Troupes d'administration : une section (1 officier, 20 hommes).

Train des équipages.

Réserve du corps expéditionnaire. — L'infanterie du corps expéditionnaire comprenait le nombre respectable de 19 bataillons ; cependant, le maréchal Randon, en raison de l'importance qu'avait prise le mouvement insurrectionnel et du genre d'adversaires auxquels on allait avoir affaire, estima que ces forces n'étaient pas suffisantes. Il décida, en conséquence, qu'en plus des troupes énumérées ci-dessus, il serait constitué une grosse réserve d'infanterie.

Le 17 octobre, dans une lettre adressée au général de Martimprey, il lui annonçait qu'il demandait à l'Empereur de faire rentrer d'Italie les 1er et 3e zouaves et de les diriger sur Oran (1). L'Empereur y consentit.

A la fin de ce même mois, ces régiments débarquaient à Oran, où ils se mirent à la disposition du général de Martimprey. Mais, à ce moment, ainsi qu'on le verra plus loin, le commandant du corps expéditionnaire venait de triompher, à Aïn Taforalt, de la résistance des Beni Snassen, les adversaires les plus redoutables parmi toutes les tribus soulevées. Dans ces conditions, une réserve ne semblait plus indispensable.

D'autre part, à la fin du mois d'octobre, une certaine agitation se manifestait dans les provinces d'Alger et de Constantine.

Dans la première, à Laghouat, au Djebel-Amour, à

---

(1) « Quoi qu'il en soit, je n'aime pas à vous voir entrer en expédition dans ces parages sans avoir à votre portée une forte et solide réserve, et c'est pour obvier à ce qui vous fait, je crois, défaut, que je viens de demander à l'Empereur de faire rentrer en Algérie les 1er et 3e zouaves qui seront envoyés à Oran. Je pense que d'ici à huit ou dix jours le mouvement sera commencé, peut-être même près d'être achevé..... » (Archives historiques de la Guerre).

Ksar-el-Haïran, des marabouts répétaient partout la fameuse prédiction indiquant, poùr cette année même, la fin de la domination des Roumis, et excitaient ouvertement les populations à prendre les armes pour venir en aide à leurs frères de l'Ouest, qui avaient commencé la guerre sainte. La propagande ne se bornait pas, d'ailleurs, à des paroles, elle en arrivait bientôt à des actes : des marchés étaient pillés à Ouled-el-Aziz, Boghar, etc.

En Tunisie, le bey venait de mourir, et là aussi, la succession au trône avait donné lieu à une certaine effervescence, dont la répercussion se faisait sentir non seulement sur la frontière, mais encore dans toute la province de Constantine. Des fanatiques, se basant sur les événements du Maroc et encouragés par le petit nombre de nos troupes dans la partie Est de l'Algérie, poussaient vivement les indigènes à la révolte.

En présence d'une telle situation, le général de Martimprey n'hésita pas ; il prescrivit aux deux régiments de zouaves qui devaient constituer la réserve du corps expéditionnaire de rejoindre immédiatement leurs anciennes garnisons. Le 1er de zouaves regagna aussitôt la province d'Alger par étapes, en suivant la vallée du Chéliff; le 3e fut transporté, par mer, dans la province de Constantine (1).

_____

(1) Dans une lettre du Ministre de la guerre, datée du 6 novembre 1859, et adressée au général de Martimprey, on trouve encore des renseignements intéressants sur les différents mouvements exécutés par ces régiments : « J'ai regretté que l'interruption des communications électriques ne m'ait pas permis de vous répondre plus tôt au sujet des régiments de zouaves venus d'Italie. Je les avais, en effet, dirigés sur Oran. J'avais deux raisons pour cela : la première, la marine ne pouvait aller à Nemours, où déjà l'invasion de la maladie s'était produite; la deuxième, je ne voulais pas jeter ces deux régiments au milieu de l'infection, sans même qu'aucune précaution eût pu être prise pour les préserver. Je n'ai pas tardé, d'ailleurs, à vous faire savoir que

§ 2. — *Concentration.*

Le général de Martimprey avait prescrit que les principaux éléments du corps expéditionnaire devaient être réunis à la redoute du Kiss le 20 octobre.

La concentration de la 1re division (Esterhazy), qui se composait presque uniquement de troupes appartenant à la province d'Oran, fut d'autant plus facile qu'une grande partie de celles-ci se trouvaient déjà sur la frontière. (Camps de l'oued Kouarda, de Tiouly et de Ras Mouïlah.) Aussi le 18 octobre, à son arrivée à la redoute, le général en chef trouva-t-il la 1re division tout entière réunie.

La 2e division (Yusuf) comprenait presque exclusivement des troupes de la province d'Alger, mais la plupart, grâce aux mesures prises par le général de Martimprey à son arrivée à Alger (21 septembre), étaient déjà groupées sur le théâtre d'opérations dans la première quinzaine d'octobre.

Le 13e bataillon de chasseurs à pied, fort de 1,200 hommes, se trouvait dans la province d'Oran depuis le 9 septembre, date à laquelle il avait débarqué à Nemours venant d'Alger. Mis immédiatement à la disposition du commandant Beauprêtre, il était parti en colonne, avait brillamment figuré au combat de l'oued Tiouly le 11 septembre, puis avait été dirigé sur le Kiss, où il avait participé à la construction de la redoute. Les deux bataillons du 2e étranger qui appartenaient à la colonne

---

je trouvais qu'Oran était trop loin de vous et qu'il convenait de rapprocher ces deux régiments, de manière, cependant, à ne pas les mettre au milieu du foyer de la maladie qui a si cruellement décimé votre troupe. Enfin, aussitôt que vous m'avez parlé de votre désir de faire rentrer ces régiments dans leur province, je vous ai répondu sans retard par télégraphe, pour vous donner cette autorisation » (A. H. G.).

Thomas dans la province d'Oran (camp de Ras Moüilah) avaient pu également rejoindre le Kiss avant la date fixée. Le 22 septembre, deux bataillons du 9e de ligne s'étaient embarqués à Alger à destination de Nemours. Le 30, partaient également, par la même voie et pour la même destination, un troisième bataillon du 9e de ligne, un bataillon du 3e de ligne et un bataillon du 1er zouaves.

Ces différents éléments opérèrent une première concentration dans les camps de Ras Moüilah et de Tiouly, puis furent dirigés sur le Kiss où ils arrivèrent en temps voulu.

Seul des troupes d'infanterie, le IIe bataillon du 1er Tirailleurs débarqua à Nemours le 19 et ne put rejoindre sa division que le 21.

Tous ces transports de troupes furent exécutés par les frégates le *Christophe-Colomb* et l'*Asmodée*, les corvettes le *Titan*, le *Tanger*, l'*Yonne* et l'*Ulloa*, qui embarquèrent également les détachements d'artillerie, du génie et du train des équipages fournis par la province d'Alger. Ces mêmes navires transportèrent enfin la plus grande partie des approvisionnements en vivres et en matériel nécessaires au corps expéditionnaire.

Mais si l'infanterie put exécuter sa concentration à l'époque fixée par le commandant en chef, il n'en fut pas de même pour la cavalerie, dont les nombreux escadrons furent loin d'arriver pour la date indiquée. On ne saurait toutefois en rejeter la faute sur le général de Martimprey.

Comme presque tous les escadrons, appelés à constituer la division de cavalerie, provenaient de la province d'Alger, le commandant en chef avait beaucoup insisté auprès du Ministre de la marine (ainsi que le témoigne la correspondance échangée à ce sujet), pour que l'on mît à sa disposition deux grands navires destinés à transporter cette cavalerie dans la province d'Oran. Le Ministre de la marine répondit que tous les grands transports disponibles étaient réservés aux troupes qui allaient opérer en Chine et que, dans ces conditions, il lui était impossible de donner satisfaction à la demande du général de Martimprey. C'est alors que ce dernier fit partir, par voie de terre, la cavalerie de la province d'Alger destinée au corps expéditionnaire ; elle arriva naturellement en retard.

Le 20 octobre, deux escadrons du 2e chasseurs d'Afrique, deux escadrons du 1er chasseurs d'Afrique et deux escadrons du 1er chasseurs de France atteignirent le Kiss. Le 23, rejoignirent encore deux escadrons du 1er chasseurs d'Afrique et enfin le 24, quatre escadrons du 12e chasseurs de France.

Cette arrivée tardive de la cavalerie fut déplorable. Le départ du corps expéditionnaire fut forcément différé, et ces quelques jours de retard eurent la plus fâcheuse influence sur la marche du choléra qui, ainsi qu'on le verra plus loin (1), fit les plus grands ravages au milieu de ces troupes d'infanterie si longtemps immobilisées.

§ 3. — *Service de l'artillerie* (2).

Les approvisionnements en projectiles et cartouches furent réunis sans grosses difficultés à la redoute du Kiss, si bien que lorsque les colonnes se mirent en marche, elles purent faire transporter par leur train de combat environ 554,000 cartouches de diverses espèces (en moyenne 40 par homme) et 1,780 projectiles, dont 864 pour obusiers de montagne ordinaires, 288 pour obusiers de montagne rayés, 420 fusées pour affût de fusée de 60 millimètres, 208 fusées pour canons-

---

(1) Chapitres IV et VII.
(2) Commandant de l'artillerie du corps expéditionnaire : colonel Michel.

obusiers (1). Ces diverses munitions furent transportées pendant toute la durée des opérations par 272 mulets arabes provenant de la réquisition.

Il existait, de plus, dans les différentes petites places qui bordaient la frontière (1) :

	Cartouches.	Projectiles.
Tlemcen	395,150	160 (2)
Nemours	744,200	375 (2)
Sebdou	132,000	439 (2)
Maghnia	564,200	530 (2)
Maghnia	»	180 (3)
TOTAL	1,835,550	1,684

Dans une lettre datée du 10 octobre 1859 et adressée au Ministre de la guerre (4), le général de Martimprey résumait ainsi la situation au point de vue des approvisionnements en munitions :

« A l'égard des munitions de guerre, outre 2,000 coups de canon ou fusées, outre l'approvisionnement de 40 et 60 cartouches que porte chaque soldat, j'ai une réserve, à la suite des troupes, de 320,000 cartouches et, dans les postes frontières, une deuxième réserve de 1,140,000 cartouches ; en tout une moyenne de 150 cartouches par homme. »

Les approvisionnements étaient donc largement suffisants et permettaient de prévoir toutes les éventualités.

§ 4. — *Service du génie.*

Sur la proposition du colonel Lafont, chef du service du génie du corps expéditionnaire, le général de Mar-

---

(1) Journal des marches et opérations sur la frontière du Maroc (A. H. G.).

(2) Pour obusiers de montagne.

(3) Pour canons-obusiers.

(4) Archives de la guerre.

timprey avait prescrit de réunir à Nemours comme
outils, instruments ou explosifs, les approvisionnements
suivants (1) :

Objets	Nombre	Quantités.
Brouettes complètes................	200	»
Pelles rondes de terrassier	200	»
Pelles carrées	200	»
Pioches de terrassier grand modèle.....	600	»
. — petit modèle......	2,100	»
Pics à roc petit modèle	750	»
Manches de pelles...................	3,400	»
Manches de pioches.................	2,625	»
Haches ordinaires de bûcheron........	220	»
Serpes............................ .	250	»
Hachettes....	50	»
Massettes à casser la pierre............	200	»
Scies passe-partout..................	10	»
Barres à mine......................	9	»
Pistolets de mine	20	»
Refouloirs.........................	8	»
Grosses masses à trancher............	20	»
Masses à pétarder	10	»
Epinglettes en cuivre................	10	»
Curettes...........................	10	»
Pinces fortes......	6	»
Pinces moyennes	6	»
Coins en fer	10	»
Amadou...........................	»	1 kg.
Cordeau porte-feu...................	50 paquets	500 m.
Sacs à terre.......................	1,000	»
Niveaux d'eau complets..............	3	»
Mires à voyants mobiles..............	3	»
Marteaux de menuisier	4	»
Planes de charron	6	»
Clous à têtes fortes pour manches de pelles.	»	4 kg.
Pointes ordinaires de 0m,065.........	»	10 kg.
Cordeau à tracer	»	50 kg.
Ellipses	8	»
Demi-madriers.....................	15	»
Objets de bureau...................	1 caisse	»

(1) Journal des marches et opérations sur la frontière du Maroc
(A. H. G.).

Tous ces outils ne furent d'ailleurs pas emportés par
le corps expéditionnaire. Une partie resta à Nemours,
où elle constitua une réserve ; une autre partie fut dirigée sur le Kiss et sur Berkane, où elle fut employée à la
construction des redoutes ; le reste seulement, soit la
charge de 92 mulets environ, fut mis au convoi et suivit
les colonnes pendant toute la durée de l'expédition. Ce
dernier chargement consistait surtout en pelles (400),
pioches (400) et pics à roc (une centaine environ).

§ 5. — *Pontonniers.*

En 1859, les pontonniers étaient rattachés à l'artillerie (1). Nous leur consacrons donc un paragraphe
spécial, indépendant de ceux réservés aux services de
l'artillerie et du génie.

Le corps expéditionnaire comprenait une section de
pontonniers (2) placée sous la direction d'un officier,
qui reçut pour mission « d'assurer, en toutes circonstances, le passage de la Mouïlah et de la Tafna (3) ». Ces
deux rivières, comme tous les oueds du Nord de l'Afrique,
ne présentent pas, en temps normal, de grandes difficultés de passage, par la simple raison qu'elles n'ont
généralement pas beaucoup d'eau ; mais, en cas de crue,
elles grossissent en un espace de temps des plus courts
et deviennent alors très dangereuses.

Comme matériel, cette section de pontonniers ne disposait que de quatre pontons et des matériaux nécessaires
pour deux portières.

---

(1) Voir la composition de l'artillerie de la 2⁰ division d'infanterie,
p. 20.

(2) De la 1ʳᵉ compagnie du 6⁰ régiment. Effectif au 9 octobre :
2 officiers, 40 hommes, 57 chevaux et mulets.

(3) Journal des marches et opérations sur la frontière du Maroc
(A. H. G.).

Les pontonniers ne devant pas être utilisés dans la première partie de l'expédition qui allait se dérouler en pays de montagne, la section fut placée à Maghnia jusqu'à nouvel ordre. Dans la seconde partie, les pontonniers furent fortement mis à contribution, et l'on s'aperçut que les prévisions du commandement, aussi bien pour ce qui concernait le personnel que le matériel, était dépassées d'une façon considérable. On dut constamment fournir aux pontonniers des travailleurs d'infanterie qui, évidemment, firent tous leurs efforts pour s'acquitter de leur tâche, mais furent loin de rendre les services de professionnels (1). En tout cas, les pontonniers furent très surmenés; ils durent tracer des routes d'accès dans le roc, abattre du bois pour établir un pont de chevalets, faire des fascines, etc.

Ils eurent à construire :

1° *Sur la Mouïlah :*

a) Un pont de chevalets. Les chevalets, à trois pieds, avaient 4 mètres de hauteur et $3^m,50$ de large. Ils supportaient cinq rangs de poutrelles, chevillées dans les chapeaux et garnies de traverses. La voie pour les voitures était de 3 mètres de large environ. Le tablier long de 25 mètres se trouvait à $3^m,50$ à peu près au-dessus de l'eau ;

b) Une traille placée à 20 mètres en amont du pont, pour assurer le passage dans le cas où une crue subite viendrait à emporter le pont de chevalets ;

c) Un pont de bateaux sur un point où la Mouïlah ne pouvait dépasser 80 mètres de largeur, en admettant même que le niveau de l'eau atteignît 7 mètres. Il fallut faire en cet endroit pour les voitures une tranchée de 200 mètres.

---

(1) Journal des marches et opérations sur la frontière du Maroc (A. H. G.).

2° *Sur l'oued Zitoun :* une passerelle pour l'infanterie lui permettant de marcher sur deux files.

3° *Sur l'oued Messaoud :* une passerelle analogue à la précédente.

Ces deux passerelles purent être utilisées tant que les eaux ne s'élevèrent pas au delà de 1ᵐ,50.

§ 6. — *Service de santé* (1).

L'épidémie de choléra qui se déclara dans le corps expéditionnaire vers le milieu d'octobre, surprit évidemment, par sa soudaineté et surtout son intensité, le service de santé, qui ne put prendre immédiatement toutes les mesures efficaces et enrayer, dès le début même, la marche de la maladie. Cependant, l'organisation du service sanitaire avait été l'objet de préoccupations toutes particulières de la part du commandement, et il est fort probable que cette organisation n'aurait eu aucun reproche à subir si l'on ne s'était pas trouvé en face d'une épidémie aussi grave.

Le général de Martimprey était d'ailleurs un vieil Africain, sachant fort bien qu'un tel service, pour fonctionner convenablement sur la terre algérienne, exige une préparation des plus minutieuses. Aussi, lorsqu'il quitta Oran le 11 octobre pour se mettre à la tête du corps expéditionnaire, commença-t-il par aller s'assurer lui-même à Tlemcen, Maghnia et Nemours que les hôpitaux d'évacuation, qu'il avait donné l'ordre d'installer, étaient bien en état de recevoir des malades.

a) *Service de l'arrière.* — A Tlemcen, toute la partie du casernement qui se trouvait libre, par suite du départ des troupes, fut pourvue du mobilier nécessaire et installée de façon à pouvoir recevoir des malades. Bientôt,

---

(1) Intendant militaire du corps expéditionnaire : intendant Moisez.

grâce à ces nouvelles ressources jointes aux ressources sanitaires qui existaient déjà, Tlemcen fut en état d'hospitaliser, en cas de besoin, plus de 500 malades et cela dans d'excellentes conditions. De plus, le général de Martimprey, ayant remarqué qu'un certain nombre d'hommes convalescents ne pouvaient rejoindre leurs régiments respectifs en marche vers la frontière et encombraient les salles destinées aux malades et aux blessés, prescrivit de constituer, pour eux, dans des locaux spéciaux, possédant peut-être une installation rudimentaire mais en tout cas suffisante, un dépôt particulier de convalescents, qui fonctionna d'ailleurs dans des conditions très satisfaisantes.

A Lalla Maghnia, à Nemours, tous les bâtiments militaires disponibles furent organisés en hôpitaux ; des approvisionnements considérables en médicaments, matériel sanitaire, etc., furent expédiés dans ces places ainsi qu'à Tlemcen. Maghnia fut dès lors en état d'hospitaliser environ 150 malades ; Nemours, à peu près le double.

Enfin, à Oran même, qui possédait un hôpital des mieux installés, pourvu d'une réserve considérable en tant que matériel et médicaments, tous les malades qui étaient transportables furent évacués sur Arzeu ou Mostaganem et les convalescents envoyés en France, de façon à assurer le maximum de places aux blessés et malades du corps expéditionnaire. Les casernes également furent mises largement à contribution et pourvues de l'installation nécessaire ; elles fournirent environ 500 places.

En résumé, le service de l'arrière assurait pour les évacuations :

Oran, 500 places ; Tlemcen, 500 ; Maghnia, 150 ; Nemours, 300 ; Le Kiss, 500 ; soit au total, 1,950 places.

b) *Service de l'avant.* — Les ambulances du corps expéditionnaire furent fournies à la fois par la province d'Oran et par celle d'Alger ; la première procurant les ressources nécessaires en personnel, mulets, matériel,

médicaments pour environ 6,000 hommes, la seconde
pour 10,000 hommes.

Ces ressources parurent suffisantes pour subvenir aux
besoins des deux divisions d'infanterie et de la division de cavalerie dont se composait le corps expéditionnaire.

Elles comprenaient en personnel :

Ambulance du quartier général : 1 médecin ; 1 officier d'administration ; 22 infirmiers ; 32 mulets.

Ambulances des divisions d'infanterie : 1 sous-intendant ; 3 médecins ; 1 officier comptable ; 40 infirmiers ; 138 mulets.

Ambulance de la division de cavalerie : 1 sous-intendant ; 2 médecins ; 1 officier comptable ; 18 infirmiers ; 78 mulets.

§ 7. — *Service des subsistances.*

Le général de Martimprey avait donné l'ordre au
service de l'intendance de réunir à la redoute du Kiss
un approvisionnement de 25 jours de vivres et de 15 jours
d'orge, pour un effectif de 20,000 hommes et 5,000 chevaux. Ces approvisionnements devaient être constitués à
la date du 20 octobre (1).

L'*administration*, comme on l'appelait alors, déploya
la plus grande activité pour assurer l'exécution de cet
ordre et on peut dire que, d'une façon générale, elle
s'acquitta convenablement de sa mission.

Nemours fut naturellement choisie pour base de ravitaillement ; en dehors de sa proximité relative de la
redoute du Kiss, elle offrait l'énorme avantage d'être
située au bord de la mer et par suite, étant donné qu'à
cette époque la province d'Oran ne possédait aucune

----

(1) « Je ne quitterai ma base d'opérations du Kiss qu'avec la certi-
tude de disposer de vingt-cinq jours de vivres » [Lettre du général de
Martimprey au Ministre de la guerre, Oran, 10 octobre 1859 (A. H. G.)].

voie ferrée, de présenter les plus grandes facilités pour l'arrivage et le rassemblement des denrées ou fourrages.

Cet approvisionnement de 25 jours de vivres et de 15 jours d'orge pour 20,000 hommes et 5,000 chevaux, demandé par le commandement, exigeait des ressources considérables que ne pouvaient fournir, surtout dans un si faible délai, les provinces d'Oran et d'Alger; aussi l'intendance s'adressa-t-elle à la métropole et même à l'étranger. Elle fit appel à Marseille et à Gênes qui dirigèrent sur Nemours des envois très importants de denrées de toute nature. Les arrivages furent d'ailleurs favorisés par un temps superbe, ce dont il y a lieu de tenir compte car la rade de Nemours, par les gros temps, ne permet pas l'accostage. En dehors des navires marchands, la marine militaire contribua, pour une large part, à la constitution des approvisionnements. Les frégates l'*Asmodée* et le *Christophe-Colomb*, ainsi que le *Titan* et le *Tanger*, transportèrent à Nemours presque tous les vivres et l'orge que la province d'Alger put envoyer, en même temps d'ailleurs que les troupes et les moyens de transports fournis par cette province.

Ainsi qu'on le verra un peu plus loin, d'après le plan même d'opérations, le général de Martimprey avait l'intention, après avoir châtié les Beni Snassen, de revenir par la plaine des Angad, puis de ramener la colonne sur Maghnia et Tlemcen. En prévision de cette éventualité et pour avoir sous la main plusieurs bases de ravitaillement dans le cas où l'expédition se prolongerait au delà de ses prévisions, il donna l'ordre de réunir à Tlemcen, et même à Maghnia (1), tous les approvisionnements disponibles qui ne seraient pas dirigés sur Nemours.

---

(1) Journal des marches et opérations sur la frontière du Maroc (A. H. G.).

C'est ainsi que, vers le 15 octobre, Tlemcen disposait
de 140,000 rations de biscuit et farine, 260,000 de café,
500,000 de sucre, 153,000 de riz et 50,500 d'orge (1).

A Maghnia, on ne put réunir que 120,000 rations de
biscuit et 16,000 rations d'orge, mais un peu plus tard,
dans le courant même de l'expédition, cette petite place
fut désignée par le général de Martimprey pour servir
de deuxième base d'opérations. Elle fut donc approvi-
sionnée de 15 jours de vivres et de 15 jours d'orge pour
un effectif d'environ 15,000 hommes. Là encore il fallut
aller vite et cela pour d'assez gros approvisionnements ;
les prolonges du train ne suffisant pas, toutes les voitures
civiles que l'on put trouver furent réquisitionnées.

Si nous en revenons maintenant à la base de ravitaillement proprement dite, la partie la plus délicate de la
tâche de l'intendance n'était pas la constitution des
approvisionnements à Nemours même, ce qui pouvait se
faire assez facilement grâce à la situation maritime de
cette place, c'était surtout le transport de ces approvisionnements à la redoute du Kiss, que la 1re division
venait de construire, et qui se trouvait à deux journées
de marche environ de Nemours. Le temps pressait, les
mulets du train n'étaient pas encore arrivés, notamment
ceux de la province d'Alger à laquelle on faisait un fort
emprunt (plus de 600 mulets); on utilisa donc tout ce
que l'on eut sous la main, et bien entendu on recourut
largement à la réquisition. On arriva ainsi à réunir
près de 2,400 mulets, 3,400 ânes, 400 chameaux, soit
6,200 animaux environ, qui furent ensuite utilisés par
le corps expéditionnaire pendant le cours des opérations.

L'organisation des convois entre Nemours et la redoute

---

(1) Journal des marches et opérations sur la frontière du Maroc
(A. H. G.).

fut si bien réglée que la plupart purent franchir la distance qui séparait ces deux points en une étape au lieu de deux. En résumé, grâce à l'activité déployée par les services administratifs, et surtout à l'excellente organisation des transports, le 20 octobre, c'est-à-dire à la date fixée par le commandement, l'approvisionnement de 25 jours de vivres et de 15 jours d'orge était constitué.

Un tel résultat est tout à l'honneur de l'intendance du corps expéditionnaire. Il est assez intéressant de constater que la rapidité des résultats obtenus pour la constitution des approvisionnements destinés à l'expédition de 1859 tint précisément à l'absence de tout formalisme, à la largeur d'idées que montra le service de l'intendance ; c'est ainsi que pour avoir rapidement les approvisionnements qui lui manquaient il n'hésita pas à recourir même à l'étranger (1), et à employer, pour assurer les transports des denrées entre Nemours et la redoute, jusqu'à des bourricots (plus de 3,400).

Personnel. — Le personnel destiné à assurer le service des subsistances pendant l'expédition n'avait rien d'exagéré ; chaque division disposait d'un officier comptable, d'un adjoint et de 45 hommes dont quelques-uns même furent fournis par les corps comme auxiliaires. Le sous-intendant de la division s'occupait en même temps de l'ambulance.

La division de cavalerie était moins bien partagée en tant qu'hommes de troupe ; elle ne comptait que 20 ouvriers d'administration avec 1 sous-officier et 1 officier comptable.

Fourniture de la viande. — L'intendance n'assura pas la fourniture de la viande. Les corps passèrent directe-

---

(1) A l'Italie et principalement au port de Gênes.

ment des marchés avec des bouchers civils qui, pendant tout le cours des opérations, devaient suivre le corps expéditionnaire avec des troupeaux.

Lorsque le général de Martimprey arriva à la redoute du Kiss, il voulut s'assurer que cette façon de procéder donnerait des résultats pratiques ; il se fit donc montrer les marchés et présenter les bouchers qui les avaient passés. Il s'aperçut alors que ces derniers, tant que l'on resterait en Algérie, pourraient assurer l'exécution des conventions passées avec les corps, mais qu'une fois en territoire marocain, il y avait de fortes chances pour qu'ils ne fussent plus en état de reconstituer leurs troupeaux.

Il fallait parer à cette éventualité par n'importe quel moyen. Le commandant en chef prescrivit donc au commandant d'armes de Nemours de faire réunir un premier troupeau de 400 bœufs qui seraient livrés aux bouchers au prix coûtant, et de se tenir prêt, dans la suite, à en fournir d'autres.

Et l'on vit alors cette étrange anomalie : des bœufs livrés aux bouchers par l'administration à des prix raisonnables, revendus ensuite par ceux-ci, à cette même administration, avec une grosse majoration.

§ 8. — *Organisation d'une station tête d'étapes de route.*

La redoute du Kiss. — Le général de Martimprey, arrivé en Algérie le 21 septembre, s'était rapidement rendu compte de la situation. Il avait bien compris que la patience du général Gues-Viller n'était interprétée par les Arabes que comme une preuve de faiblesse, qu'il fallait en conséquence frapper un grand coup, et cela dans l'endroit même où était né le mouvement insurrectionnel : chez les Beni Snassen.

Aussi, dès les derniers jours de septembre, avait-il pris une série de mesures des plus énergiques, ayant pour but précisément de montrer aux Arabes que l'heure était venue pour la France de « faire parler la poudre » et qu'elle y était absolument décidée.

Il fit porter nos colonnes sur la frontière même et prescrivit en particulier au général Thomas (1), campé alors sur l'oued Kouarda, de se rendre immédiatement sur le Kiss et d'y construire une grande redoute destinée à recevoir tous les approvisionnements nécessaires au corps expéditionnaire. C'était une véritable station tête d'étapes de route qui allait permettre, plus tard, d'assurer, dans de bonnes conditions, le ravitaillement et les évacuations des colonnes.

Le général Thomas choisit, comme emplacement de cette redoute, un mouvement de terrain peu élevé, situé non loin de la rivière le Kiss (à 100 mètres environ), et dernier mamelon des contreforts qui se détachent à l'Est des montagnes des Beni Snassen. Cette position, sans être élevée, se trouvait suffisamment éloignée des mamelons voisins d'où, étant donnée la portée des armes de cette époque, on ne pouvait tirer efficacement sur la redoute même.

La redoute fut commencée immédiatement et les travaux très avancés vers le 12 octobre (2) ; creusée, en grande partie, dans le tuf, et un tuf blanchâtre, elle offrait, paraît-il, de loin l'apparence d'une vaste construction carrée en maçonnerie blanchie à la chaux (3). Cette redoute était très vaste : 400 mètres de long

---

(1) Le général Thomas mourut du choléra peu de temps après (22 octobre).

(2) Le général de Martimprey au Ministre de la guerre (D. T.), Tlemcen, 12 octobre, 1 h. 10 soir (A. H. G.).

(3) Journal des marches et opérations sur la frontière du Maroc (A. H. G.).

sur 300 mètres de large. Par suite on put y établir
toute une installation permettant de traiter sous la tente
plus de 500 malades ou blessés en attendant leur évacuation sur les hôpitaux de l'arrière, c'est-à-dire ceux
de Nemours, Maghnia et Tlemcen. On y accumula
25 jours de vivres pour 20,000 hommes, et 15 jours
d'orge pour 5,000 chevaux ou mulets, ainsi que des
approvisionnements considérables en munitions. Bref,
pour construire une telle redoute, il fallut faire des
remuements de terre considérables. Les effets s'en firent
bientôt sentir, car une épidémie terrible de choléra ne
tarda pas à se déclarer. Nous verrons, un peu plus tard,
que d'après les documents officiels mêmes, elle ne fit
pas moins de 2,393 victimes.

Cette même année, vers le mois de décembre, les
Espagnols opéraient également en Afrique, dans les
environs de Ceuta ; ils couvraient les abords de cette place
d'un nombre considérable de redoutes, puis marchant
ensuite sur Tétouan, construisaient une route pour permettre au matériel de siège de suivre le corps expéditionnaire. Le choléra éclatait également dans les rangs
espagnols ; en peu de temps, près de 10,000 hommes
étaient atteints par l'épidémie.

Nous insistons tout particulièrement sur cette question
de remuements de terre, parce que, dans toute expédition coloniale, elle présente une importance capitale.
Malheureusement on oublie presque toujours les enseignements du passé. Faut-il rappeler l'expédition récente
de Madagascar et la construction de la fameuse route
qui coûta la vie à tant de nos soldats ?

Le vieux proverbe colonial : « Toute pelletée de terre
creuse un tombeau » a toujours été malheureusement
vérifié.

Pour en revenir à la redoute du Kiss, nous compre-
nons fort bien, jusqu'à un certain point, que le commandement ait voulu mettre à l'abri, contre toute attaque

des Arabes, les énormes approvisionnements que l'on entassait à la station tête d'étapes de route, ainsi que les malades et blessés qui y seraient installés. Cependant, il nous semble que point n'était besoin pour cela de se lancer dans des travaux aussi importants ; quelques tranchées autour du camp auraient été très suffisantes contre un adversaire qui ne disposait pas de pièces de canon.

En tout cas, il eut été prudent, comme cela s'est fait maintes fois depuis dans nos colonies, de recourir à la main-d'œuvre indigène, tout au moins pour exécuter les travaux les plus pénibles.

Comme il était de la plus haute importance que la station tête d'étapes de route fût en communication permanente et rapide avec la base d'opérations, Nemours, et par suite avec la France, on entreprit immédiatement la construction d'une ligne télégraphique entre Nemours et la redoute du Kiss ; elle fut à peu près terminée vers le 20 octobre.

Enfin le commandement proprement dit de la redoute fut confié au commandant Beauprêtre (1), soldat énergique et « débrouillard », qui avait déjà fait ses preuves en Afrique, et sur lequel, à tous points de vue, on pouvait absolument compter.

§ 9. — Quelques réflexions sur la composition du corps expéditionnaire.

Étant donnée la gravité des événements qui venaient de se dérouler sur notre frontière algérienne, on com-

----

(1) Le commandant Beauprêtre avait acquis, en effet, à cette époque, une très grande réputation en Algérie pour sa bravoure, son énergie, mais aussi malheureusement pour sa cruauté. Les Arabes le haïssaient ; aussi fut-il assassiné dès le début de l'insurrection de 1864 (Flitta).

.

prend très bien que le Gouvernement impérial ait donné
son assentiment à la réunion de forces aussi considérables. Il est certain que les premiers mouvements pro-
voqués par le départ de nos troupes pour l'Italie s'étaient
transformés rapidement, grâce à la faiblesse du général
Gues-Viller, en une véritable insurrection. On était arrivé
au moment où il fallait frapper un coup énergique.

D'autre part, les Beni Snassen, qui n'avaient jamais
vu pénétrer l'étranger dans leurs montagnes, gardaient
la plus grande confiance dans l'inviolabilité de leur territoire.

Il y avait donc lieu de prévoir (il était même sage de
le faire) qu'ils opposeraient une résistance des plus
énergiques. Enfin, à un autre point de vue, l'insurrection
ayant eu, en somme, pour cause principale, notre pénurie
de troupes, il était bon de montrer aux populations arabes
que nous avions encore des soldats, et que nous en avions
même beaucoup. Ce sont certainement ces différentes
considérations qui conduisirent le général de Martimprey à demander, pour cette expédition, une force de
12,000 à 15,000 hommes, qui lui fut facilement accordée,
d'ailleurs.

Mais ce que l'on peut trouver exagéré, c'est l'effectif
de la cavalerie : près de 19 escadrons, sans compter
les goumiers (plus de 600). En Afrique, la cavalerie
est un peu une arme de luxe, qui est nécessaire, sans
doute, mais dont il ne faut pas abuser. Elle est difficile à nourrir, elle exige des moyens de transport considérables ; toutes choses égales, un cavalier en exige
cinq fois plus qu'un fantassin. Or, les moyens de transport sont constitués par des animaux, dont il faut également assurer la nourriture.

En ce qui concerne cette expédition contre les Beni
Snassen, cette nombreuse cavalerie s'explique d'autant
moins que l'on allait opérer en pays très accidenté. Le
maréchal Randon, alors Ministre de la guerre, dans une

lettre datée du 30 septembre 1859, semble fixer au général de Martimprey la composition et le but de la cavalerie : « Une division de 16 ou 18 escadrons pour garder la plaine, escorter les convois ou empêcher la concentration de contingents étrangers au pays (1). »

Mais, le général de Martimprey, dans une lettre du 21 septembre, adressée au Ministre de l'Algérie et des Colonies, réclamait déjà une forte proportion de cavalerie. « Le terrain sur lequel nous aurons à opérer rend indispensable la présence d'une nombreuse cavalerie (2). »

C'est donc bien à lui qu'il faut attribuer la responsabilité des nombreux escadrons mis en mouvement.

Nous verrons dans la suite que, pour cette expédition, quelques escadrons auraient très largement suffi.

---

(1) Archives historiques de la Guerre.
(2) *Ibid.*

CHAPITRE IV

Les opérations.

Plan d'opérations. — Ainsi que nous le verrons un peu plus loin, les Beni Snassen, contre qui était dirigée l'expédition, habitaient ce massif montagneux qui s'étend de l'Est à l'Ouest sur une longueur de 56 kilomètres, et du Nord au Sud sur une largeur moyenne de 24 kilomètres ; au Nord, c'est la plaine des Trifa ; au Sud, celle des Angad. De l'Est à l'Ouest, la montagne présente une crête très étroite et à pentes des plus abruptes. Au milieu, se trouve un plateau assez élevé (1,200 mètres), dont l'accès est facilité, aussi bien au Nord qu'au Sud, par une double rampe permettant précisément de passer de la plaine des Angad dans celle des Trifa et réciproquement. L'occupation de ce plateau, où se trouvent la source abondante d'Aïn Taforalt et le centre habité le plus important des Beni Snassen, permettait de couper toute communication entre les deux plaines et surtout entre les deux parties Est et Ouest du massif montagneux. On en arrivait donc ainsi à rompre toute unité de défense dans la confédération. C'était également non loin d'Aïn Taforalt, dans un gros village, que se trouvait la demeure héréditaire du cheik El-Hadj-Mimoun.

Ce fut ce premier objectif qu'assigna le général de Martimprey au corps expéditionnaire. Il développait d'ailleurs nettement, et tout au long, son plan d'opérations, dans une lettre adressée de Nemours, le 16 octobre, au maréchal Randon (1).

_____

(1) Le maréchal Randon naquit à Grenoble en 1795. Son oncle, le

« Le 20, ou au plus tard le 21, écrivait-il, je me porterai avec la 1ʳᵉ division d'infanterie (Esterhazy), toute la cavalerie aux ordres du général Desvaux, des outils en suffisance et un convoi de huit jours de vivres, le premier jour à Aïn Regada (plaine des Trifa), le deuxième jour à Cherraa où je construirai une redoute. La 2ᵉ division d'infanterie (Yusuf) continuera à menacer du Kiss, Arbal et la partie Est de la montagne des Beni Snassen, jusqu'au 25. Je compte à cette époque avoir réuni par d'autres convois vingt jours de vivres pour mon effectif à Cherraa. Je compte sur le pays pour la plus grande partie de l'orge.

« J'appellerai alors rapidement à moi la 2ᵉ division, laissant le Kiss gardé par un bataillon. La cavalerie tiendra la plaine et menacera même les contingents des Kebdana et des Guelaïa. Le 26 ou le 27, si le temps est favorable, j'attaquerai la montagne par son point le plus accessible et stratégiquement le plus favorable, avec 18 bataillons, en me faisant suivre des moyens de transport les plus nécessaires, et je compte atteindre le large

---

général Marchand, le fit engager de bonne heure et c'est ainsi qu'il prit part aux campagnes de Russie, de Saxe et de France. En 1813, il était capitaine; cette même année, à Lützen, il fut blessé grièvement. Pendant la Restauration, sa carrière fut arrêtée, mais en 1830, il fut nommé chef d'escadron. De 1838 à 1848, il servit en Algérie, où il prit part à toutes les expéditions un peu importantes, ce qui lui valut, en 1847, le grade de lieutenant général. En 1851, il fut appelé au Ministère de la guerre, démissionna en 1852 pour prendre le gouvernement général de l'Algérie, où il resta jusqu'en 1858. Pendant ces six années, il donna à la colonie un très grand essor économique; on lui doit l'exécution de nombreux travaux d'utilité générale, de routes, de puits artésiens, enfin la construction des premières voies ferrées en Algérie.

En 1859, au moment de la guerre d'Italie, il reprit le portefeuille de la guerre qu'il conserva jusqu'en 1867. Cette dernière période de sa carrière est certainement la moins glorieuse; en dehors de l'expédition du Mexique, dont il dirigea l'organisation, il ne sut pas comprendre les transformations que nécessitait l'état de l'armée française.

col surbaissé d'Aïn Taforalt. Je m'y établirai alors solidement et j'y ferai monter mes vivres de Cherraa, et j'opérerai dans la montagne suivant les principes qui ont assuré le succès de la campagne de Kabylie en 1857.

« D'après les démarches des cheiks des Beni Snassen, chez lesquels se trouve d'ailleurs aujourd'hui encore le dernier chérif Ben-Abdallah, d'après les ouvertures du caïd d'Oudjda, que j'ai également repoussées, j'ai bien lieu de croire que la situation des esprits a déjà subi de l'autre côté de la frontière une modification très sensible. On nous croyait sans soldats, et tout d'un coup, il en surgit de tous côtés. Sans me faire d'illusion sur la résistance qui nécessairement aura lieu, je suis porté à croire que nous ne tarderons pas trop à obtenir les satisfactions auxquelles nous avons droit.

« Les choses réglées avec les Beni Snassen, je descendrai par le versant Sud de leurs montagnes sur Aïoun Sidi Mellouk et je remonterai, en traversant la plaine, vers les Zakkara, etc., dont je ferai occuper la sortie des passages vers le Sud par le général Durrieu (1). »

Les Beni Snassen et leur chef El-Hadj-Mimoun. — Avant d'étudier les opérations proprement dites du corps expéditionnaire contre les Beni Snassen, il n'est pas sans intérêt de jeter un coup d'œil rapide sur ces populations et sur le chef qui était à leur tête à cette époque : El-Mimoun.

Les Beni Snassen appartiennent à la race kabyle et habitent depuis un nombre incalculable d'années, on pourrait dire de tout temps, cette chaîne montagneuse qui se développe parallèlement à la mer, entre la plaine des Trifa, celle des Angad, le Kiss et la Moulouya. La

---

(1) Archives historiques de la Guerre.

plaine des Trifa, presque plate, jouit d'une grande ferti-
lité. Celle des Angad, plus vaste, plus accidentée, est
presque inculte ; elle renferme la ville d'Oudjda et est
arrosée par l'oued d'Isly, près duquel se livra, le 14 août
1844, la bataille qui porte ce nom.

Les Beni Snassen comprennent quatre tribus, divi-
sées elles-mêmes en un grand nombre de fractions
s'administrant comme toutes les populations appartenant
à la race berbère, c'est-à-dire d'après des principes
essentiellement démocratiques. Ces tribus portent les
noms de Beni Khaled, Beni Mengouch, Beni Attig et
Beni Ourimeuch.

El-Hadj-Mimoun appartenait à cette dernière. Son
père commandait dans toute la montagne des Beni
Snassen et son influence s'étendait très loin dans le pays,
jusqu'à la cour même de Fez, disait-on.

Cependant, à la mort de ce dernier (1846), il dut lutter,
les armes à la main, pour conserver la situation prépon-
dérante que les Beni Ourimeuch avaient acquise dans la
confédération. Les Beni Khaled, les Beni Mengouch et les
Beni Attig prétendirent que le père de Mimoun leur avait
fait subir la plus lourde part des impôts et réservé, par
contre, tous les privilèges aux gens de sa tribu, les Beni
Ourimeuch ; dans ces conditions, ils ne consentaient pas
à reconnaître les droits de son fils. Dans une réunion où
les tribus dissidentes étaient représentées par des délé-
gués, ceux-ci déclarèrent « qu'on ne pouvait d'ailleurs
reconnaître pour chef un homme qui s'appelait Mimouna,
comme une femme ».

Mimoun appela les Beni Ourimeuch aux armes, les
renforça de contingents levés chez les montagnards du
Sud de la plaine des Angad ou chez les Riffains et, après
une campagne énergique, obligea les dissidents à se
soumettre.

Dès lors la prépondérance héréditaire ne lui fut plus
contestée.

L'empereur Mouley-Abd-Er-Rhaman, lui-même, le félicita hautement de son énergie.

Vers 1848, Mimoun se décida à remplir le devoir de tout bon musulman et se rendit à la Mecque ; c'est à la suite de ce pèlerinage qu'il attacha à son nom le titre vénéré d'El-Hadj.

A son retour, il eut encore à lutter contre quelques intrigants, qui avaient profité de son absence pour battre en brèche son influence, mais il eut vite fait rentrer tout dans l'ordre.

El-Hadj–Mimoun, en cette année 1859, était âgé d'environ 48 ans ; brave soldat, intelligent, énergique, les Kabyles disaient de lui « qu'il était aussi brillant dans l'action que ferme et entraînant dans le conseil ». Il jouissait dans toute la confédération des Beni Snassen d'une autorité considérable et absolument incontestée. C'était lui qui présidait à la répartition des impôts et des charges de toute nature ; c'était par ses soins que se réglaient, non seulement toutes les affaires de la montagne, mais aussi celles des habitants des plaines des Trifa et des Angad. On disait même à cette époque que son influence s'étendait jusque sur les tribus sahariennes du commandement d'Oudjda.

Ce qu'il y avait de certain, c'est que le caïd d'Oudjda n'était qu'un représentant nominal du sultan et que le grand chef de toute la région était bien El-Mimoun. Aussi fût-ce près de lui que se rendit le chérif Ben-Abd-Allah, quand il résolut de prêcher la guerre sainte contre les Français. Il reçut d'ailleurs un excellent accueil.

Nous avons développé peut-être un peu largement la biographie d'El-Mimoun, mais elle nous a paru d'autant plus intéressante que les voyages récents, faits au Maroc par des explorateurs français, ont montré que la plus grande partie du Bled-El-Siba était soumise à l'autorité d'un certain nombre de grands chefs berbères, rappelant assez bien les seigneurs féodaux français du moyen âge, et dont El-Hadj-Mimoun représente très fidèlement la physionomie moderne.

El-Hadj-Mimoun fut assassiné le 4 septembre 1863 par un djich (1) appartenant à la tribu des Mahia.

*
* *

Avant d'aller prendre le commandement effectif du corps expéditionnaire, le général de Martimprey adressa aux troupes qui allaient entrer en campagne, l'ordre général suivant (2) :

Au quartier général à Alger, le 6 octobre 1859.

Soldats du corps expéditionnaire !

Au moment d'aller me placer à votre tête, je tiens à vous dire dans quelles circonstances je le fais, le but que nous avons à atteindre et ce que j'attends de vous.

Notre frontière a été violée par les Marocains. Nos patrouilles, nos colons ont d'abord été surpris par leurs attaques, nos camps eux-mêmes placés à plus de cinq lieues en dedans de la frontière ont été assaillis par des rassemblements de plusieurs milliers de fantassins et de cavaliers.

Le trouble s'est répandu dans l'Ouest de la subdivision de Tlemcen et des fractions de tribus ont incliné vers l'insurrection.

Enfin, il faut le dire, sous l'influence de menées secrètes, l'agitation s'est communiquée jusque dans la division d'Alger, où, fait inouï depuis des années, plusieurs marchés viennent d'être pillés.

Ainsi, de proche en proche, notre domination et le principe d'autorité au moyen desquels le pouvoir assure la sécurité aux personnes et aux intérêts de toute nature, semblent menacés de déchoir.

Il s'agit pour nous de relever, de rétablir la situation et nous allons y procéder en marchant contre ces agresseurs qui, méprisant toute autorité régulière, ne reconnaissent que l'ascendant de la force.

---

(1) Petit groupe de six maraudeurs environ.
(2) Journal des marches et opérations sur la frontière du Maroc (A. H. G.).

La bataille d'Isly eut pour conséquence de faire respecter notre voisinage par les Marocains pendant quinze années, et aujourd'hui, pour obtenir un résultat analogue, il est nécessaire de leur donner des preuves nouvelles que, si nous aimons la paix, et si nous ne songeons à aucun agrandissement territorial, ils n'en ont pas moins toujours devant eux les dignes émules de ceux que conduisait, en 1844, le maréchal Bugeaud, de vénérée mémoire.

Oui, il faut qu'ils s'inclinent de nouveau devant votre courage et votre discipline.

J'étais à Isly, et j'ai présentes les leçons que cette campagne nous a fournies.

Vos frères d'armes d'alors se distinguaient par l'ordre qui régnait dans leurs rangs, aussi bien dans les marches que dans les attaques. L'élan appartenait aux nombreux tirailleurs et derrière eux marchaient des bataillons solides et irrésistibles.

Qu'aujourd'hui il en soit encore ainsi !

Je blâmerais, dans les chefs comme dans les soldats, une fougue intempestive qui, nous amenant en désordre devant les positions à conquérir, nous ferait heurter de front et prématurément les obstacles et entraînerait le sacrifice des plus vaillants.

Au contraire, en faisant concourir au même but le feu de l'artillerie et les mouvements tournants, on arrive quelques instants plus tard à triompher sûrement des obstacles, en épargnant un sang précieux.

Soldats, la tâche que vous aurez à accomplir sera digne de votre valeur !

Montrez-vous dociles à la voix des chefs expérimentés qui vous conduisent et, dans les moments difficiles, ayez présent à la pensée que l'Empereur, qui aime si vivement son armée, a les yeux sur vous.

Général DE MARTIMPREY.

Première partie des opérations.

Le choléra. — La concentration n'était pas encore terminée qu'éclatait une épidémie de choléra. Dès les premiers jours du mois d'octobre, quelques cas avaient été signalés dans les ambulances de Maghnia et de Tlemcen, dans le camp de Ras Mouïlah et surtout à la redoute du Kiss, mais jusque-là les décès avaient été assez peu fréquents. A partir du 13, c'est-à-dire au moment où les troupes rassemblées au Kiss devenaient de plus en plus nombreuses, l'épidémie prit une tournure des plus inquiétantes. Le 20 au soir, le chiffre des morts atteignait déjà 116.

Le commandement donna immédiatement l'ordre au service de santé d'isoler tous les hommes atteints du choléra et, dans ce but, d'installer une deuxième ambulance en dehors de la redoute. Des appels pressants furent faits aux provinces d'Alger et de Constantine, qui envoyèrent, par les voies les plus rapides, tout le personnel technique et administratif dont elles pouvaient disposer. La province de Constantine, moins dégarnie que celle d'Alger, put diriger sur le camp du Kiss près de 100 infirmiers.

En attendant l'arrivée de ce personnel, et pour éviter de se trouver débordé, le service de santé demanda aux corps des infirmiers auxiliaires. Un nombre assez considérable de volontaires répondirent à ces nouveaux appels (1). Afin d'encourager le zèle de ces hommes, on leur accorda certains avantages : double ration de sucre et café, ration d'eau-de-vie, augmentation de la ration de viande, enfin prime journalière de 0 fr. 25.

Cependant, malgré les efforts du commandement, malgré tout le dévouement dont firent preuve officiers et soldats, le choléra n'en continua pas moins d'exercer, avec une violence inouïe, son œuvre de mort, pendant les quelques journées (20, 21, 22, 23 et 24) qui précédèrent le départ des colonnes (2).

---

(1) Historiques du 13e bataillon de chasseurs, du 2e étranger, des 1er et 2e Tirailleurs, des 24e et 81e de ligne.

(2) Voici comment le colonel Trumelet (*) dépeint cette triste période : « Le fléau n'admet pas la lutte ; à chaque minute, c'est un soldat qui s'étend à terre et qui ne se relève plus ; la mort s'empare instantanément de lui et le livre à ses agents de décomposition, les vers. D'un homme fort, vigoureux, plein du désir de verser son sang pour son Pays, elle fait un cadavre hideux, repoussant et exhalant une

(*) Colonel C. Trumelet, Le général Yusuf, 2 vol., Paris, Ollendorff, 1890.

20 octobre. — Le 20 octobre (1), dans l'après-midi, le général de Martimprey réunit les officiers du corps expéditionnaire, leur exposa les raisons qui avaient motivé cette expédition, le plan d'opérations qui avait été arrêté, et termina son allocution par les paroles suivantes :

« Les Beni Snassen et les habitants d'Oudjda, qui injustement sont venus sur notre territoire pour faire une outrageante agression, m'ont écrit, mais j'ai déchiré leurs lettres. Ce n'est qu'au centre de leur pays que nous pouvons recevoir réparation de l'agression dont nous avons été l'objet. Si aujourd'hui, je recevais de l'argent et des chevaux, comme ils m'en ont offert (2),

---

odeur fétide ; le beau sang rouge du soldat est devenu, en quelques minutes, une boue noirâtre marquant ses chairs blafardes, sur le passage des veines, de vermiculures de mauvais aspect.

« Les soldats du train passent plusieurs fois par jour dans les camps pour y faire leur funèbre récolte de cadavres ; les tentes qui ont des morts les chargent sur les mulets, et le conducteur les y amarre comme il peut, et de façon à en emporter le plus possible; puis il jette une bâche sur le tas, sans trop s'inquiéter s'il n'en sèmera pas quelques-uns en route, et il se dirige sur l'un des charniers qui ont été préparés pendant la nuit pour les besoins présumés du lendemain.

« Il était impossible de voir quelque chose de plus hideux, de plus lamentable que cette traversée dans nos camps de ces convois funèbres, dont le chargement, plus ou moins bien dissimulé, se révélait facilement d'ailleurs par ce ballottement flasque de corps mous, qu'imprimait la marche du mulet à l'horrible cargaison » (T. II, p. 259-260).

(1) *Situation d'effectif du corps expéditionnaire au 20 octobre* (non compris les six escadrons de cavalerie, qui doivent arriver le 23 et le 24, et le bataillon du 1er Tirailleurs, qui est attendu d'Alger) :

	Hommes.	Chevaux.	Mulets.
Grand quartier général	174	104	86
1re division d'infanterie	6,916	348	711
2e division d'infanterie	5,693	279	450
Division de cavalerie	1,263	1,087	102
TOTAUX	14,046	1,818	1,349

(2) Quelques jours auparavant, en effet, le cheik des Beni Snassen

ils ne manqueraient pas de dire ensuite : « Les chrétiens sont venus jusqu'au pied de nos montagnes, mais elles les ont effrayés. Nous leur avons donné de l'argent, des chevaux, et ils ont été satisfaits. » Bientôt, tout serait à recommencer. C'est donc jusqu'au milieu de leurs montagnes que nous devons pénétrer et, une fois là, c'est nous qui leur imposerons nos conditions.

« La situation est attristante ; il est pénible de voir nos propres soldats succomber aux attaques d'un mal terrible, mais rappelons-nous que le siège de Constantine, que le siège de Zaatcha, que la guerre de Crimée ont commencé sous l'influence du même fléau. Notre constance et l'aide de Dieu nous ont fait surmonter le mal. Vous êtes les mêmes hommes, vous avez la même énergie et je sais que je puis compter sur vous (1). »

L'objectif choisi par le général de Martimprey, le plateau d'Aïn Taforalt était trop éloigné de la redoute du Kiss (environ 50 kilomètres) pour que l'on pût utiliser celle-ci comme base d'attaque. Il était indispensable de constituer, au pied même de la montagne, une sorte de *poste-magasin* (comme l'appelle le général de Martimprey) où l'on pourrait réunir tous les approvisionnements nécessaires aux troupes pour s'élancer ensuite à l'attaque dans de bonnes conditions. C'est d'ailleurs ce qu'avait prévu le commandant en chef dans son projet d'opérations (2).

---

et le caïd d'Oudjda, effrayés par le gros rassemblement de troupes qui s'effectuait sur le Kiss, comprenant que le châtiment était proche, essayèrent d'entrer en pourparlers avec le général de Martimprey. Mais ce dernier renvoya leurs représentants, sans leur donner de réponse.

(1) Journal des marches et opérations sur la frontière du Maroc (A. H. G.).

(2) Le général de Martimprey au Ministre de la guerre, Nemours, 16 octobre 1859 (p. 44 et 45).

21 octobre. — Il se mit donc en marche le 21 octobre, avec la 1re division d'infanterie (Esterhazy), les éléments déjà arrivés de la division de cavalerie et un fort convoi de vivres (1), en vue d'aller reconnaître précisément l'emplacement de ce poste-magasin.

La colonne prit les formations de marche suivantes :

L'infanterie en colonne à distance entière par peloton ; l'artillerie de montagne et les fuséens répartis entre les deux brigades ; la cavalerie divisionnaire à portée du général commandant la division et assurant le service de sûreté immédiat ; la division de cavalerie, à distances entières par peloton, marchait parallèlement à la division d'infanterie et du côté de la plaine.

Entre ces deux colonnes (infanterie et cavalerie) se trouvait le convoi qui, en dehors des vivres, comprenait les munitions d'artillerie, les ambulances, les outils du génie et enfin les bagages. Il avait une garde spéciale constituée par deux bataillons (un par brigade). Le service de sûreté éloigné était constitué par les goumiers.

Nous avons tenu à décrire, en détail, cette formation de marche parce qu'elle nous montre comment le général de Martimprey envisageait, en pays de plaine, la marche d'une grosse colonne (8,000 à 10,000 hommes) comprenant les trois armes. Nous y trouvons un échelon de manœuvre (ou de combat) comprenant l'infanterie et l'artillerie, le convoi complètement distinct de cet échelon et ayant sa garde spéciale, puis la cavalerie, elle aussi complètement indépendante, et enfin les goums assurant le service d'exploration.

---

(1) Quinze jours de vivres pour 7,500 hommes et dix jours d'orge pour 2,500 chevaux. A cet effet, les mulets disponibles du train, de l'artillerie, du génie, des états-majors, des corps de la 2e division furent requis pour suivre la colonne.

De nombreux contingents des Beni Snassen couvraient les derniers contreforts des montagnes, mais, craignant sans doute d'être attaqués par les troupes qui étaient restées au camp de Kiss, ils n'inquiétèrent pas la colonne (1).

On devait camper le soir à Aïn Regada, où se trouvait une fontaine intermittente, mais, en cours de route, le général fut informé que l'eau ne serait peut-être pas suffisante pour les besoins de la colonne; on s'arrêta donc à Aïn Djeraoua (2), qui possédait un certain nombre de puits, et l'on campa. La division de cavalerie forma la deuxième face du carré vis-à-vis la mer; la 1re brigade d'infanterie occupa la première face et la moitié de la troisième; la 2e brigade acheva de former le carré. L'artillerie et le génie se placèrent un peu en arrière de la première face ainsi que le quartier général; l'ambulance, au centre du carré avec le reste du convoi (3).

On voit donc que, malgré les gros effectifs de la colonne, le général de Martimprey n'hésita pas à ne constituer qu'un seul camp comprenant les troupes et le convoi. Les avantages de ce dispositif dépassent de beaucoup les inconvénients qu'il peut présenter et, point capital, il procure à tout le monde le maximum de sûreté.

La nuit fut tranquille, mais le choléra continuait à faire d'énormes progrès; plus de 180 malades entrèrent à l'ambulance.

Au camp du Kiss, la situation sanitaire était encore plus déplorable. On signalait, le 21 au soir, 837 cholé-

---

(1) Historiques des 1er et 2e chasseurs d'Afrique, du 12e chasseurs de France, des 3e et 9e de ligne.

(2) Ou Hassi Djeraoua.

(3) Journal des marches et opérations sur la frontière du Maroc (A. H. G.).

riques (1) et le mouvement des ambulances accusait pour cette journée 305 décès (2).

22 octobre. — a) *1re division* (Esterhazy). — Dans la nuit du 21 au 22, le service des renseignements fit connaître au général de Martimprey que près du marabout de Sidi Mohamed ou Berkane, sur les bords de l'oued Tazaghine, se trouvait de l'eau et du bois en abondance et non loin de là cinq ou six grosses meules de paille. Comme cet emplacement se trouvait plus rapproché du plateau d'Aïn Taforalt que Cherraa, et présentait, de plus, toutes les conditions voulues pour y installer des bivouacs ainsi que le poste-magasin, il fut décidé que la colonne s'y porterait (3). Elle y arriva vers 2 heures de l'après-midi. Le camp fut établi dans des conditions hygiéniques excellentes; l'eau de la rivière était bonne, le bois se trouvait en grande quantité et le terrain, légèrement en pente, permettait l'écoulement des eaux de

---

(1) Y compris tous les hommes de la 1re division reconnus atteints du mal au départ de cette division et laissés au camp.

(2) Journal des marches et opérations sur la frontière du Maroc (A. H. G.).

(3) Dans une lettre datée du Kiss, 23 octobre, le général de Martimprey indiquait au Ministre de l'Algérie et des colonies les raisons qui l'avaient incité à choisir Berkane comme poste-magasin, au lieu de Cherraa.

« Je viens de rentrer au Kiss, après avoir fait choix du point d'où je compte attaquer la montagne des Beni Snassen. Cherraa, dont je vous ai parlé, m'a paru trop loin. Ce lieu, marqué par une ancienne kasbah, qui avait pour office de protéger la plaine des Trifa et le pied des pentes du massif des Beni Snassen contre les incursions des habitants de la rive gauche de la basse Moulouïa, est en effet à 16 kilomètres des contreforts qui descendent du col d'Aïn Taforalt. Pour atteindre ce col, j'ai trouvé préférable de constituer mon deuxième dépôt de vivres à la sortie des montagnes de l'oued Sidi Mohamed ou Berkane. De là, les troupes d'attaque auront à longer le pied des pentes pendant 8 à 10 kilomètres et un relai égal les conduira à Aïn Taforalt.... » (A. H. G.).

pluie. Malheureusement les Beni Snassen, à l'approche de la colonne, avaient mis le feu aux meules de paille (1).

Dans l'après-midi, les hostilités se bornaient à quelques coups de feu échangés aux avant-postes entre les goumiers et les Kabyles.

Le choléra continuait à faire des victimes ; on compta ce jour-là 80 décès.

b) *2ᵉ division* (Yusuf) (2). — Rien de particulier en dehors du choléra qui fit perdre, dans cette journée, 146 hommes.

---

(1) Journal des marches de la 1ʳᵉ division d'infanterie.

(2) La vie du général Yusuf, et par son originalité et par son intérêt, appartient à la fois au roman et à l'histoire. Ce n'est donc pas, en quelques lignes, que l'on peut en donner une idée exacte et nous renvoyons au livre si intéressant publié récemment par M. le général Derrécagaix (*). Ici nous nous contenterons d'esquisser, à très grands traits, la biographie de ce brillant soldat d'Afrique.

Yusuf naquit à l'île d'Elbe en 1808 ; il s'y trouvait encore en 1814, lors du séjour de Napoléon Iᵉʳ. Envoyé à Florence pour y faire ses études, le vaisseau sur lequel il était embarqué fut pris par des corsaires tunisiens. L'enfant fut acheté par le bey de Tunis qui, frappé de son intelligence et de son énergie, le prit en amitié et le fit instruire. Mais Yusuf ayant appris le débarquement des Français en Algérie ne cherchait qu'à s'échapper, pour aller, lui aussi, faire parler la poudre. Il y réussit grâce à l'aide de M. de Lesseps, consul de France, à ce moment, à Tunis. Débarqué à Alger vers la fin de l'année 1830, il prit aussitôt du service ; deux ans après il était capitaine et décoré. Dès lors sa carrière fut rapide ; il était d'ailleurs de toutes les fêtes, de toutes les colonnes (prise de la smala, I-ly, Beni Snassen, Kabylie, etc.), et rendait les plus grands services par sa vaillance et sa connaissance des mœurs arabes. En 1856, il fut nommé général de division. Après l'expédition contre les Beni Snassen, il se fit principalement remarquer, en 1864, dans la répression de l'insurrection des tribus de la région de Laghouat. Cette même année, il fut envoyé prendre le commandement d'une division de France, à Montpellier, et mourut à Cannes, deux ans après, d'une maladie de langueur.

(*) Général Derrécagaix, *Yusuf. Récits d'Afrique*, Paris, 1907, Chapelot.

23 octobre. — Le général de Martimprey, avec la division de cavalerie et les mulets disponibles, retourna au camp du Kiss où il fit commencer les préparatifs pour le départ de la 2ᵉ division et organiser, en même temps, les évacuations sur Nemours (1).

Il chargea d'autre part le général Deligny (1ʳᵉ brigade de la 1ʳᵉ division) de faire, dans la journée du 23, une reconnaissance offensive vers le col de Taforalt, pour chercher à se rendre compte dans quelles conditions l'attaque de ce point pourrait être exécutée. Cette reconnaissance, forte de trois bataillons d'infanterie (2) et de deux obusiers de montagne, s'effectua dans l'après-midi du 23, et ne donna lieu à aucun incident grave; le général Deligny en rapporta, par contre, des renseignements précieux sur la configuration du terrain et en particulier sur la façon la plus pratique d'aborder le col de Taforalt.

Pendant la journée, les Kabyles, profitant de l'absence des troupes qui faisaient partie de cette reconnaissance, tentèrent une attaque contre le camp de Berkane. Voici comment le général Esterhazy, dans son rapport journalier du 23 (3), rend compte de cet engagement :

« Vers 11 h. 30, le contingent (marocain) réuni à

---

(1) Par suite de l'évacuation sur Nemours du colonel Danget et du général de Liniers, les modifications suivantes s'effectuent dans le commandement et dans la composition des unités : le colonel Tixier (du 2ᵉ zouaves) prend le commandement de la 2ᵉ brigade de la 1ʳᵉ division; la 2ᵉ division a ses brigades composées ainsi qu'il suit : 1ʳᵉ brigade (5 bataillons, 2,302 hommes), général Thomas : 1 bataillon du 1ᵉʳ de zouaves, 2 bataillons du 9ᵉ de ligne, 2 bataillons du 2ᵉ étranger; 2ᵉ brigade (5 bataillons, 2,663 hommes), colonel Archinard : 13ᵉ bataillon de chasseurs, 1 bataillon du 3ᵉ de ligne, 2 bataillons du 1ᵉʳ de Tirailleurs.

(2) Deux du 2ᵉ de zouaves et un formé des compagnies d'élite du 81ᵉ de ligne.

(3) Archives historiques de la guerre.

l'entrée de la gorge de Tazaghine est venu tâter notre
camp sur la face occupée par la 2e brigade. A l'aide des
plis du terrain et des couverts que présente le lit de
l'oued Tazaghine, d'assez nombreux fantassins se sont
avancés à petite distance et ont ouvert la fusillade contre
nos postes ; quelques embuscades d'hommes armés de
carabines à tige, que j'y ai fait placer, ont promptement
éloigné ces Kabyles et ont tué ou blessé une quinzaine
d'hommes qu'on leur a vus emporter. Nous avons eu
1 Tirailleur indigène tué et 4 blessés, dont deux officiers, M. de Courville, lieutenant de zouaves, et M. Adj
Madi, sous-lieutenant de Tirailleurs, ces deux derniers
légèrement. »

24 octobre. — Avant de quitter Berkane, le général
de Martimprey avait donné l'ordre de construire une
redoute destinée à recevoir les approvisionnements et
plus tard, pendant les opérations, à mettre en sûreté les
malades et les blessés. Les terrassements ne purent être
entrepris le 23 en raison de la pluie, des travaux d'installation et de l'envoi de la reconnaissance précitée vers
le col de Taforalt ; mais, dès le 24 au matin, plus de
1,600 travailleurs se mirent à l'œuvre [1]. La redoute,
bien entendu, fut construite selon toutes les règles de
l'art ; les remuements de terre furent considérables et
naturellement les entrées à l'ambulance, puis les décès
non moins importants [2].

Au camp du Kiss on continua les préparatifs de
départ [3]; le choléra y fit ce jour-là plus de 100 victimes.

---

[1] Historiques des 1er et 2e zouaves, du 13e bataillon de chasseurs,
du 2e spahis, etc...

[2] 84.

[3] L'arrivée des quatre escadrons du 12e chasseurs de France complète la division de cavalerie.

25 octobre (1). — A 6 heures du matin, la 2ᵉ division d'infanterie se mit en route pour le camp de Berkane. Elle adopta une formation de marche absolument identique à celle qu'avait prise la 1ʳᵉ division le 21 octobre. Comme cavalerie, la 2ᵉ division ne fut accompagnée que de quatre escadrons, tout le reste de la division de cavalerie ayant été laissé au camp pour escorter, le lendemain, un gros convoi de vivres et un troupeau de bœufs. De plus, un bataillon (du 9ᵉ de ligne), auquel on adjoignit deux pièces d'artillerie et quelques cavaliers, fut maintenu à la redoute du Kiss pour en constituer la garnison (2).

La colonne franchit en une seule étape la distance qui sépare le camp du Kiss de celui de Berkane et arriva vers 4 heures du soir, sans avoir été d'ailleurs trop inquiétée. Quelques coups de fusil furent seulement échangés, sur les flancs, avec des groupes de cavaliers marocains qui se retirèrent sans présenter la moindre résistance.

A Berkane, pendant toute la journée du 25, les travaux de la redoute furent poursuivis avec la plus grande

---

(1) *Situation d'effectif au 25 octobre* :

	Hommes.	Chevaux.	Mulets.
Grand quartier général..........	173	103	86
1ʳᵉ division d'infanterie..........	5,467	300	579
2ᵉ division d'infanterie..........	5,419	270	634
Division de cavalerie............	2,480	2,071	209
Totaux.......	13,239	2,744	1,508

Par suite du décès du général Thomas (24 octobre), le colonel Butet prend le commandement de sa brigade, qui redevient 2ᵉ brigade de la 2ᵉ division ; la brigade Archinard passe 1ʳᵉ brigade.

(2) Historique du 9ᵉ de ligne. — Le capitaine Malafaye remplace momentanément, dans le commandement de la redoute, le commandant Beauprêtre, évacué sur Nemours.

activité. A son arrivée, le général de Martimprey trouva que la redoute, dont le tracé se présentait sous la forme d'un triangle équilatéral avec des ouvrages à chaque angle, n'était pas encore suffisamment forte et se trouvait même assez découverte à la gorge. Il prescrivit par suite de créneler un petit marabout qui se trouvait à proximité et de construire un fortin en pierre avec caponnière permettant d'assurer le flanquement des fossés (1).

L'épidémie continuait à faire ses ravages : 55 décès encore ce jour-là.

26 octobre. — Les deux divisions d'infanterie fournirent chacune 1,600 travailleurs pour les travaux de la redoute, l'une de 7 heures à midi (1re division), l'autre de midi à 4 heures (2e division). En outre, elles reçurent l'ordre de se tenir prêtes à commencer les opérations dès le lendemain.

Dans la journée, le commandant en chef leur adressa les instructions suivantes pour le départ :

Les bivouacs seront complètement évacués, à l'exception de la redoute, dans laquelle seront placés :

Les approvisionnements de toute nature qui ne pourront être emportés ; une ambulance spéciale pour les cholériques de tous les corps ; une compagnie par brigade, qui recevra en subsistance tous les malingres incapables de suivre la colonne.

La cavalerie détachera deux escadrons qui, avec un bataillon du 81e et les compagnies précitées, assureront la défense de la redoute ; une partie de la gendarmerie, le Trésor, les réserves de munitions seront intallés dans la redoute même ; tous les convoyeurs arabes disponi-

---

(1) Journal des marches et opérations sur la frontière du Maroc (A. H. G.).
(1) Journal des marches et opérations sur la frontière du Maroc (A. H. G.).

bles resteront à Berkane. Enfin, le commandement de
la redoute sera confié au colonel du 81e.

*
* *

27 octobre. — Combat d'Aïn Taforalt. — Ainsi qu'il a
déjà été dit (1), à la suite de sa reconnaissance offensive
du 23, le général Deligny (2) avait pu fournir au général
de Martimprey des renseignements assez précis sur la
configuration du terrain entre Berkane et le col de Taforalt, ainsi que sur les abords mêmes du col.

Une excellente piste, continuant celle qui menait du
Kiss à Berkane, longeait le pied des contreforts Nord de
la montagne et, au bout de 10 kilomètres environ, conduisait à l'entrée de la vallée de l'oued Tagma, c'est-à-
dire en vue du col. Pour l'atteindre, il fallait d'abord
traverser un éperon assez rocheux, puis descendre dans
l'oued Tagma, en suivre le fond, qui ne présentait pas
d'ailleurs de grandes difficultés, mais qui était dominé
de toutes parts. De là, on était obligé de gravir un long
contrefort montagneux, formé d'une suite de mamelons
pierreux dont l'accès n'était pas des plus faciles. C'était
d'ailleurs le chemin que suivaient les caravanes se rendant de la frontière algérienne à Aïn Taforalt.

---

(1) Voir p. 57.

(2) Le général Deligny naquit à Ballan en 1815; il fit presque toute
sa carrière militaire en Algérie, en particulier dans les bureaux arabes.
A la suite de l'expédition au Maroc, le général de Martimprey qui le
tenait en très haute estime, le fit nommer général de division
(décembre 1859) et commandant de la division d'Oran. En 1864, dans
la répression de l'insurrection des Flitta, le général Deligny se distingua
d'une façon toute particulière. En 1870, placé à la tête de la 1re division de la Garde impériale, il prit part à tous les combats livrés sous
Metz. De 1873 à 1879, il commanda le 4e corps au Mans, puis fut
nommé inspecteur d'armée, fonction qu'il exerça jusqu'à son passage
dans le cadre de réserve, en 1881.

A l'entrée de la vallée de l'oued Tagma, le col de Taforalt se présentait obliquement, se découpant nettement sur l'horizon, mais offrant une brèche assez étroite (quelques mètres à peine) dominée de chaque côté par des masses rocheuses inaccessibles de front. Très élevé (1,200 mètres d'altitude), il commandait de 900 mètres environ l'entrée de la vallée de l'oued Tagma dont il était séparé, à vol d'oiseau, par une distance de 6 kilomètres. Il paraissait s'étendre ensuite vers le Sud sur une grande profondeur.

Il ne fallait pas songer à aborder le col par l'Est ; la chaîne de montagnes ne présentait qu'une série de murailles presque verticales et absolument inaccessibles.

Vers l'Ouest, s'étendait une série de ravins à pentes très fortes, dont les fonds étaient plantés d'arbres assez touffus, de vergers, de jardins et surmontés de grands et beaux villages étagés appelés Ahl Tagma. Au-dessus des villages s'ouvraient d'immenses grottes qui, d'après les indigènes, permettaient également de gagner le plateau d'Aïn Taforalt, mais par un autre col, celui d'Orenfou (1).

C'était donc de ce côté, c'est-à-dire vers l'Ouest, que l'on pouvait et devait manœuvrer, si l'on ne voulait pas « prendre uniquement le taureau par les cornes ». Le général de Martimprey adopta cette solution.

Voici d'ailleurs, en résumé, quel fut son plan d'engagement.

Plan d'engagement. — Chaque division d'infanterie devait constituer deux colonnes fortes chacune d'une brigade : l'une de ces colonnes formerait la troupe d'attaque, l'autre la réserve qui assurerait en même temps

---

(1) Journal des marches et opérations sur la frontière du Maroc (A. H. G.).

la sûreté du convoi, jusqu'à ce que l'on ait pénétré dans la montagne.

A la 1re division (Esterhazy), la brigade Deligny fut désignée comme brigade d'attaque, avec mission de marcher droit sur le col d'Aïn Taforalt.

A la 2e division, ce fut la brigade Archinard à qui échut l'honneur de marcher en première ligne. Elle avait d'ailleurs le rôle le plus difficile, car c'était elle qui devait manœuvrer par la droite, y faire diversion pour faciliter la tâche de la brigade Deligny, donc marcher sur les villages de Ahl Tagma, les enlever et même, si possible, atteindre le plateau de Taforalt par le col d'Orenfou.

D'autre part, afin de tromper les Marocains sur le véritable point d'attaque et de les attirer, sinon dans la plaine, tout au moins dans la partie Ouest du massif, pendant que les divisions d'infanterie attaqueraient le col d'Aïn Taforalt, la cavalerie reçut une mission parti-culière. Le 27, dès le point du jour, elle devait se mettre en mouvement, se diriger droit vers l'Ouest, en laissant au Nord le ksar Cherraa, puis se rabattre au Sud sur le pied des hauteurs, vers un point occupé par un vieux fortin appelé Ksar-Ben-Ghriba, y rester jusqu'à midi en incendiant les gourbis et revenir enfin à l'oued Tagma, en suivant toujours la plaine (1).

Toujours en vue de créer des diversions et cette fois à l'égard des Kebdana et des Guelaïa, tous les bâtiments en rade de Nemours reçurent l'ordre de se rendre, dans la matinée du 27 octobre, au mouillage des îles Zaffa-rines (2).

---

(1) Historiques des 1er et 2e chasseurs d'Afrique, du 2e spahis, du 12e chasseurs, etc.....

(2) Journal des marches et opérations sur la frontière du Maroc (A. H. G.).

Mise en marche des colonnes. — Afin de donner le temps à ces différentes diversions de produire leur effet, le départ des colonnes d'infanterie fut fixé à 9 h. 30 du matin.

Les brigades d'attaque (Deligny et Archinard) étaient sans sacs; ceux-ci étaient portés par des mulets de réquisition (mulets arabes) à raison de six par mulet; groupés par deux dans une couverture cousue et étiquetée, ils renfermaient, en plus du chargement habituel, deux rations de vivres (1). Les objets et effets de campement étaient également réunis dans des couvertures et transportés par des mulets.

Les hommes portaient le pantalon de drap avec le capuchon (2) ou une demi-couverture et avaient une ration de vivres et la viande cuite pour la journée. Les cartouches (à raison de 50 par homme) et les vivres étaient placés dans la tente-abri roulée autour du corps.

Chacune des brigades d'attaque, en dehors des troupes d'infanterie, disposait :

De 25 sapeurs du génie sans sacs, porteurs de leurs outils; d'une section de fuséens, avec 100 fusées; de 2 obusiers ordinaires avec 2 mulets d'approvisionnements; de 2 mortiers avec 2 mulets d'approvisionnements; de deux pelotons de cavalerie divisionnaire; de 20 mulets de cacolets, 5 mulets de litières et 4 brancards.

Les brigades de réserve Tixier (1re division) et Butet (2e division) portaient le sac (3).

---

(1) Historiques des 1er et 2e zouaves, du 2e étranger, du 13e bataillon de chasseurs.

(2) Petite pèlerine analogue à celle en usage actuellement dans les zouaves.

(3) Dans lequel se trouvait aussi la viande cuite pour la journée.

La brigade Tixier devait suivre immédiatement les brigades d'attaque, ayant dans son centre les réserves d'artillerie, du génie et les deux ambulances volantes (1) prètes à suivre les brigades Deligny et Archinard, le reste des bouches à feu, la réserve des cartouches portée à 80,000 de chaque espèce.

La brigade Butet venait enfin en dernier lieu, ayant à son centre les bagages des quartiers généraux et des trois divisions, ainsi qu'une ambulance volante de réserve (2).

Il n'est pas sans intérêt de comparer la formation de marche ou plutôt d'attaque prise ce jour-là par le général Martimprey, avec celle que le général O'Donnel devait adopter cinq mois plus tard le matin de la bataille de Vad-Ras (23 mars 1860).

Le commandant du corps expéditionnaire, disposant alors de trois corps d'armée et de deux divisions de réserve (3), avait adopté le dispositif suivant (4) :

« Le 1er corps en entier en avant-garde (constituant, en quelque sorte, un échelon de manœuvre), avec deux batteries de montagne, un escadron et toutes les troupes du génie qu'emmenait le corps expéditionnaire (5).

« Il était suivi du 2e corps, qui, avec la cavalerie, escortait les trains régimentaires du quartier général et des 1er et 2e corps.

« Enfin, venait le 3e corps, qui était chargé de la garde des convois administratifs.

---

(1) Chacune de ces ambulances volantes comprenait 100 mulets de cacolets et litières et avait une escorte particulière comprenant une compagnie d'infanterie

(2) Même composition que les précédentes.

(3) Formant un effectif d'environ 20,000 hommes.

(4) Se reporter au croquis n° 1.

(5) Huit compagnies.

« L'arrière-garde était constituée par la 1re division
de réserve et avait avec elle une batterie et un escadron.

« Le dispositif de sûreté était complété par une division de réserve (à laquelle étaient adjoints deux escadrons
de lanciers et une batterie de montagne) chargée d'occuper les hauteurs de la vallée de Vad-Ras, qui commandent, sur la droite, la route qu'allait suivre la
colonne..... Cet ordre de marche paraît assez logi-
que et répond très sensiblement à celui que nous adop-
tons en Algérie dans nos colonnes opérant en Kabylie
(pays de montagne): en tête, un échelon de manœuvre
ne comprenant que des combattants, puis les trains et
convois répartis dans le gros de la colonne ; en queue,
une forte arrière-garde ; des flancs-gardes, dans les
directions dangereuses.

« Quant à la répartition des différentes armes : l'infanterie et l'artillerie sont fractionnées dans toute la
colonne à peu près également; la cavalerie, en dehors
de quelques escadrons donnés à l'avant-garde, à l'arrière-garde et aux flancs-gardes, se trouve réunie au
centre, de façon à pouvoir être utilisée dans une direction quelconque si l'occasion se présentait et, en même
temps, à se trouver à l'abri du feu de l'infanterie ennemie ; le génie, bien entendu, est en tête de la colonne,
avec l'avant-garde, pour ouvrir des passages aux autres
armes (1). »

On peut cependant adresser un reproche assez grave
au dispositif du général O'Donnel : c'est l'escorte très
exagérée donnée aux impedimenta, presque la moitié
de l'effectif total.

Le général de Martimprey ne tomba pas dans la même
faute et ne consacra qu'une brigade, soit à peu près le

---

(1) Capitaine Mordacq, *La Guerre au Maroc*, p. 112 et suiv., Paris,
Lavauzelle, 1904.

quart de son effectif, aux impedimenta proprement dits ; encore cette brigade put-elle, pendant le combat, passer la garde du convoi à la cavalerie et entrer elle-même en ligne.

D'autre part, il semble, à première vue, que dans son dispositif d'attaque le commandant du corps expéditionnaire ne se soit pas beaucoup occupé de la sûreté des flancs, mais en étudiant la question de plus près et surtout si l'on se reporte à la configuration du terrain, on constate que dans sa marche sur le col, la colonne d'attaque ne pouvait avoir de craintes sérieuses sur sa gauche, vers l'Est, étant donné qu'elle longeait constamment des falaises rocheuses absolument à pic.

Vers la droite, au contraire, le terrain était éminemment propre à une attaque de flanc, mais la colonne Archinard, tout en exécutant son mouvement tournant, remplissait absolument, de ce côté, le rôle d'une flancgarde.

La sûreté des flancs était donc complète, et les péripéties du combat le montrèrent d'ailleurs fort bien.

On pourrait peut-être encore adresser un autre reproche au dispositif du général Martimprey : c'est la faiblesse de l'arrière-garde, à qui était confiée la plus grande partie des impedimenta, mais il y a lieu de rappeler que la division de cavalerie tout entière, détachée le matin vers l'Est, avait reçu l'ordre de rallier ensuite la colonne et renforçait alors d'autant l'arrière-garde.

Enlèvement du col d'Aïn Taforalt. — Le signal de l'attaque proprement dite fut donné vers 2 heures (1). De nombreux Kabyles apparaissaient sur le chemin même du col ; d'autres, moins nombreux, tenaient l'épe-

_____

(1) Le général de Martimprey au Ministre de la guerre, camp d'Aïn Taforalt, 29 octobre (A. H. G.).

ron rocheux isolé qui domine l'entrée de ce chemin ; enfin tous les villages paraissaient fortement occupés ainsi que les croupes situées à l'Ouest (1).

Malgré un feu assez nourri, les deux brigades d'attaque enlevèrent facilement l'éperon rocheux mentionné ci-dessus. La brigade Deligny laissa un bataillon sur la position conquise, puis se porta au pied de la rampe qui mène au col. La brigade Archinard, de son côté, se dirigea sur les villages de Tagma pour exécuter sur la droite, vers l'Ouest, le mouvement tournant dont elle était chargée.

A ce moment, le général Desvaux, ayant rempli sa mission dans la plaine, accourait au feu. Le commandant en chef lui prescrivit aussitôt d'assurer la garde du convoi, ce qui permit de porter en avant, comme réserves immédiates, les brigades Tixier et Butet, devenues ainsi disponibles.

Le combat se poursuivit alors sans interruption jusqu'au soir. Les Marocains, ayant eu le temps nécessaire pour organiser la résistance, avaient préparé sur toutes les pentes, aussi bien sur le front que sur les flancs, de nombreuses embuscades. Tous les sentiers étaient barrés par des abatis et des murs en pierres sèches que l'infanterie eut beaucoup de peine à enlever. Elle fut très heureusement secondée dans cette tâche par l'artillerie, dont les obus vinrent à bout d'un grand nombre d'obstacles et dont le feu, à grande portée, en obligeant les Kabyles à se tenir à une certaine distance, annihila presque complètement l'efficacité de leur tir.

Nous voyons donc l'artillerie, dans cette affaire, comme dans tous les combats aux colonies, en dehors de l'aide puissante qu'elle apporte à l'infanterie, contribuer encore

---

(1) Historiques du 13e bataillon de chasseurs, des 1er et 2e zouaves, du 2e étranger.

pour une large part à lui éviter des pertes, en maintenant l'adversaire à distance (1).

La brigade Deligny, grâce à l'appui de l'artillerie, put
donc continuer son ascension sans subir de trop grosses
pertes. Vers 4 h. 30, elle allait même aborder l'entrée
du col, lorsque les Kabyles firent rouler sur elle une
véritable avalanche de blocs rocheux. Le général de
division Esterhazy, qui marchait avec cette brigade,
échappa à grand'peine à ce nouveau genre de projectiles ; autour de lui un certain nombre d'hommes et de
chevaux furent assez grièvement atteints.

L'artillerie dirigea immédiatement son feu sur les
sommets d'où semblaient provenir ces blocs et les premiers bataillons de la brigade Deligny attaquèrent
bientôt le col sans incident. A la tombée de la nuit, le
village d'Aïn Taforalt était entre nos mains.

De son côté, la brigade Archinard avait rencontré une
résistance beaucoup plus sérieuse qu'on ne supposait.
Elle avait dû opérer dans un terrain coupé, très couvert,
sillonné d'arbres, de vergers, de maisons que les Kabyles
défendirent pied à pied. Elle ne put atteindre les grottes
situées au-dessus des villages qu'à la tombée de la nuit ;
encore fallut-il que l'artillerie en battît l'intérieur assez
longtemps avant que ses défenseurs ne les abandon-
nassent. Les Marocains, même à ce moment, ne se tinrent
pas pour vaincus et allèrent occuper les sommets voisins.
Le général Archinard demanda alors un nouvel effort à

---

(1) Dans le compte rendu du combat, adressé le 29 octobre au
Ministre de la guerre, le général de Martimprey écrivait : « L'artillerie
commandée par le colonel Michel, en aidant puissamment au succès,
nous a épargné des pertes (*). » C'est dans ce but, d'ailleurs, que le
général de Martimprey avait prescrit de placer l'artillerie dans chaque
colonne d'attaque, immédiatement derrière le 1er bataillon.

(*) A. H. G.

ses troupes et vers 7 heures elles réussirent à chasser les Kabyles de ces dernières positions (1). L'avant-garde de la brigade put même dépasser le col d'Orenfou et opérer sa jonction avec la brigade Deligny qui occupait déjà, ainsi qu'il a été dit plus haut, le village d'Aïn Taforalt.

Toute la colonne bivouaqua sur le lieu même du combat.

Les pertes de la journée s'élevaient à 44 hommes hors de combat, dont 5 tués. Étant donné la résistance qu'opposèrent les Marocains et le terrain où se déroula le combat, on doit considérer ces pertes comme des plus légères. Ce résultat fut dû, en grande partie, ainsi que nous l'avons fait ressortir ci-dessus, à l'aide continuelle et efficace que l'artillerie apporta aux colonnes d'infanterie, et aussi à la portée des carabines à tige dont étaient pourvus la plupart de nos régiments.

Dans cette affaire d'Aïn Taforalt, la division de cavalerie ne joua qu'un rôle très secondaire. Afin de l'utiliser, le général de Martimprey lui fit exécuter, dans la matinée,

---

(1) Ce ne fut pas d'ailleurs sans peine, car, à ce moment, les troupes étaient épuisées. — Voici, à ce sujet, un épisode des plus intéressants que cite le général Derrécagaix :

« Partout les hommes étaient étendus par terre. Mais sur le sentier qui conduisait au col, une compagnie de chasseurs à pied se tenait debout, l'arme au pied, derrière son chef, le lieutenant Edon, qui avait défendu à ses hommes de se coucher. Le général (Yusuf), surpris de voir cette troupe seule sur pied, félicita son commandant pour cette preuve d'énergie et lui dit qu'il allait lui demander encore un nouvel effort. Il lui prescrivit de conduire ses hommes au col et de les installer en grand'garde sur l'un des sommets qui le dominait. Puis, sentant la difficulté d'obtenir ce résultat, il ajouta : « Je vous promets la « croix pour vous et quatre médailles pour la compagnie si vous réus- « sissez. » Le lieutenant, sans hésiter, cria à ses hommes : « Chasseurs, « vous l'entendez : quatre médailles pour vous et la croix pour moi. En « avant, marche !... » Et ils partirent d'un pas résolu. » (Yusuf, *loc. cit.*, p. 99-100.) Toute la colonne reprit la marche et le col fut bientôt atteint.

cette démonstration vers l'oued Moulouya qui, évidemment, inquiéta les populations Kabyles habitant la partie Ouest du massif montagneux, mais il faut reconnaître qu'elle n'eut peut-être pas une grande répercussion sur l'issue même de la lutte. Il est probable que si le général de Martimprey, au lieu de ces nombreux régiments de cavalerie, n'eût disposé que de quelques escadrons, le résultat eût été, sans doute, identique (1).

29 et 30 octobre. — L'occupation du plateau de Taforalt, situé en plein cœur du massif montagneux habité par les Beni Snassen, produisit sur ces derniers un effet décisif. Dans la journée du 29, El Hadj Mimoun, le grand chef de la confédération, fit faire au général de Martimprey des offres de soumission, mais ce dernier exigea qu'El Hadj Mimoun se présentât lui-même, ce qu'il fit dans la matinée du 30 octobre. Il accepta et garantit toutes les conditions qui lui furent imposées ; en particulier, il s'engagea à payer une indemnité de 100 francs par fusil (2). Pour assurer l'exécution de ces promesses, il livra d'ailleurs un certain nombre d'otages, pris parmi les notables des différentes fractions et qui furent envoyés à Tlemcen.

---

(1) On peut remarquer que les Espagnols firent aussi entrer la cavalerie pour une large part, 12 escadrons, dans la composition du corps expéditionnaire organisé en novembre 1859 et destiné à opérer contre le sultan du Maroc.

L'expédition terminée, ils constatèrent également que, dans le Nord de l'Afrique, il y avait tout intérêt à limiter, dans la plus faible mesure possible, l'emploi de la cavalerie. C'est ce que reconnut aussi le général de Wimpffen, en 1870, à la suite de son raid contre les Beni Guil (*).

(2) A cette époque, on estimait que les Beni Snassen en possédaient au moins 12,000.

(*) Journal des marches de la colonne expéditionnaire du Sud-Ouest, mars à mai 1870 (A. H. G.).

El Hadj Mimoun, par la noblesse de son attitude, la sagesse et la modération de ses paroles, fit une profonde impression sur le général de Martimprey; aussi cette entrevue fut-elle des plus cordiales et des plus courtoises.

Ce même jour, le général de Martimprey adressait à ses troupes l'ordre général suivant :

« Vous venez d'atteindre avec succès le premier but offert à vos efforts. Les ravages d'une affreuse maladie, qui, heureusement vient de disparaître, n'ont pas plus ébranlé votre force morale qu'ils n'ont arrêté les progrès de vos opérations.

« Hier, après une journée glorieuse, vous avez dressé vos camps au cœur d'une montagne où jusqu'ici jamais armée n'avait pénétré; en persévérant, vous obtiendrez bientôt, soyez-en sûrs, les légitimes réparations auxquelles nous ont donné droit des agressions injustes..... » (1).

Restait encore, en effet, à châtier les Angad, les Mahia et autres tribus nomades moins importantes, dont les incursions sur notre territoire avaient motivé, en grande partie, l'expédition.

Deuxième partie des opérations.

Préparation. — En prévision de cette seconde partie de la campagne, le commandant en chef décida tout d'abord de changer sa base d'opérations ou plus exactement, comme on dirait actuellement, sa station tête d'étapes de route.

Dès le 2 novembre, la redoute de Berkane (2) était

---

(1) Voir aux Documents annexes p. 7.

(2) Le 27 octobre, pendant l'affaire du col de Taforalt, la redoute de Berkane fut attaquée par les Marocains. 40 hommes du 12e chasseurs à cheval, sous les ordres du sous-lieutenant Beau, les repoussèrent vigoureusement en leur faisant subir des pertes sensibles.

complètement évacuée, les malades dirigés sur le Kiss et les approvisionnements transportés au col de Taforalt. Cette redoute n'avait d'ailleurs constitué, jusqu'à ce jour, qu'une station tête d'étapes de route en quelque sorte secondaire, la véritable ayant toujours été la redoute du Kiss. Le général de Martimprey résolut de ne pas abandonner celle-ci complètement, de la conserver encore comme poste avancé d'observation (1), mais de prendre désormais Maghnia comme point de passage de ses approvisionnements et évacuations, c'est-à-dire comme station tête d'étapes de route. Le directeur du service télégraphique, M. d'Anbuyant, reçut l'ordre en conséquence de relever la ligne télégraphique entre le Kiss et Nemours et d'en établir immédiatement une nouvelle entre Nemours et Maghnia.

En exécution de ces dispositions, les malades ou blessés de la redoute du Kiss furent dirigés sur Nemours et de là sur Oran par mer; ceux qui paraissaient être en état de rejoindre sous peu leur corps furent envoyés à Maghnia.

Les animaux indisponibles furent évacués sur Tlemcen où des petits dépôts furent formés.

Le matériel du génie, les approvisionnements en armes et munitions furent également transportés à Maghnia. En même temps, le service de l'intendance reçut l'ordre de réunir sur ce point, pour le corps expéditionnaire, 18 jours de vivres et 12 jours d'orge.

Le choléra. — La situation sanitaire s'améliorait heu-

---

(1) Le général de Martimprey ne laissa au Kiss que les compagnies du centre des deux bataillons du 81ᵉ, une section d'obusiers de campagne, 15 chasseurs à cheval, du matériel du génie, d'artillerie et d'ambulance. Cette garnison fut placée sous le commandement du commandant Beauprêtre. La redoute devait rester occupée jusqu'à ce que les Beni Snassen eussent complètement payé l'indemnité de guerre qui leur était imposée.

reusement de jour en jour. Les nombreux décès qui eurent encore lieu les 26, 27, 28 et 29 octobre (1) se produisirent presque tous dans les ambulances des redoutes du Kiss et de Berkane. Dans les colonnes elles-mêmes, dès le 27, c'est-à-dire dès qu'elles quittèrent les bivouacs où de gros remuements de terre avaient eu lieu, on peut dire que le choléra disparut à peu près complètement. Les ambulances légères divisionnaires reçurent bien encore, pendant quelques jours, 20 à 30 cholériques, mais c'est tout au plus si l'on eut à constater, quotidiennement, plus de 5 à 10 décès dans tout le corps expéditionnaire. On peut donc admettre, qu'à partir du 1er novembre, l'épidémie était à peu près enrayée (2).

Séjour du corps expéditionnaire au camp d'Aïn Taforalt. — Le général de Martimprey prolongea le séjour du corps expéditionnaire à Aïn Taforalt bien au delà du temps nécessaire pour assurer les évacuations ou le ravitaillement de la colonne. Il est vraisemblable qu'il tenait ainsi à montrer aux populations environnantes que nous étions bien les maîtres du pays et que nous n'en partirions que lorsque nous aurions reçu toutes les garanties que notre succès nous donnait le droit d'exiger. Ce séjour était peut-être nécessaire, mais il n'en est pas moins vrai qu'il y avait urgence à hâter la seconde partie de la campagne. L'organisation d'une colonne

---

(1) Respectivement 185, 104, 214 et 114.

(2) *Situation d'effectif au 31 octobre.*

	Hommes.	Chevaux.	Mulets.
Grand quartier général	368	134	306
1re division d'infanterie..........	4,543	283	800
2e division d'infanterie..........	4,886	243	426
Division de cavalerie	1,961	1,817	292
TOTAUX..........	11,758	2,477	1,824

légère, précédant le corps expéditionnaire, permit de remédier, en partie, à cette temporisation.

Quoi qu'il en soit, on resta à Aïn Taforalt jusqu'au 3 novembre. Ces quelques journées furent principalement employées à améliorer les communications soit vers le Kiss, soit vers la plaine des Angad.

Le général de Martimprey pensait, avec juste raison, que les voies de communication constituent, en général, dans un pays, un excellent moyen de pénétration. En particulier pour une région comme celle des Beni Snassen, si voisine de notre province d'Oran, nous avions le plus plus grand intérêt à en faciliter l'accès. Il prescrivit en conséquence à la 1re division d'infanterie de fournir, tous les jours, une corvée de 400 hommes qui seraient employés non pas à construire une route mais à améliorer le chemin qui conduisait d'Aïn Taforalt au Kiss. Ce n'étaient déjà plus les gros remuements de terre du début de l'expédition.

Comme d'autre part le commandant du corps expéditionnaire avait l'intention de descendre dans la plaine des Angad pour exécuter la deuxième partie de son programme, il décida également de faire améliorer le chemin kabyle qui y conduisait et qui était particulièrement mauvais dans sa partie supérieure. La division Yusuf fut plus spécialement chargée de ce travail.

Ces travaux de routes, exécutés sans imposer aux hommes de grosses fatigues, se firent dans d'excellentes conditions. D'ailleurs le temps était très beau, les nuits un peu fraîches assuraient un sommeil réparateur aux hommes légèrement fatigués par le travail et la chaleur de la journée. L'eau et le bois existaient en abondance; le diss (1) qui couvrait les montagnes des Beni Snassen permettait de compléter la nourriture des animaux.

_____

(1) Genre de graminées très communes en Algérie.

Le prétendant Sidi Sliman. — Ce fut pendant le séjour au camp d'Aïn Taforalt que le général de Martimprey reçut la visite du fils de Sidi Sliman, prétendant au trône du Maroc. Agé d'une trentaine d'années, il était le petit-fils de l'empereur marocain Muley Sliman dont Muley Abd-Er-Rhaman, qui venait de mourir le 29 août, avait été le successeur illégitime. Aussi le père de Sidi Sliman avait-il profité de cette circonstance pour chercher à ressaisir le trône, en s'appuyant principalement sur les tribus berbères du Sud de Fez.

Si-Sliman ben Abd-Er-Rhaman Ould Sidi Sliman arriva au camp le 2 novembre dans la soirée. Il fut reçu à 10 heures le lendemain matin, avec un certain apparat, par le commandant du corps expéditionnaire. Un vaste carré, formé de Tirailleurs et de spahis, entourait la tente du général de Martimprey; les fanfares disponibles étaient massées en arrière de la tente; l'entrevue dura environ une demi-heure et ne donna, en somme, aucun résultat. Le général en chef s'efforça d'écarter de la conversation toute question politique et fit même comprendre à son visiteur qu'il n'était autorisé, en aucune façon, à s'immiscer dans les affaires de politique intérieure du Maroc (1).

Si-Sliman se rendit alors à Oran où, jusqu'au mois de décembre de cette même année, il fut l'hôte d'Abd-el-Kader Ben Daoud, le fameux chef des Douairs.

*
* *

Opérations. — Pendant le séjour au camp d'Aïn Taforalt, le général de Martimprey avait appris que les tribus des Mahia et des Angad se trouvaient toujours

---

(1) Journal des marches et opérations sur la frontière du Maroc (A. H. G.).

dans la plaine appelée plaine des Angad, qui s'étend d'une part entre la Moulouya et Oudjda et d'autre part entre les montagnes des Beni Snassen et des Zakkara. Il était évident, qu'à la suite de la soumission des Beni Snassen, les Mahia et les Angad n'essaieraient pas de résister et se retireraient devant le corps expéditionnaire, échappant ainsi au châtiment qu'on voulait leur infliger. Il fallait donc, à tout prix, les atteindre ; on ne pouvait y arriver que par un mouvement combiné. Par suite, le commandant du corps expéditionnaire résolut de s'avancer droit au Sud contre les Angad et Mahia, mais après leur avoir fait fermer, au préalable, les routes de l'Ouest et du Sud par deux colonnes légères. Quant à la direction de l'Est, c'était l'Algérie, c'est-à-dire pour les Angad et Mahia l'anéantissement certain s'ils venaient s'y réfugier.

Le général Durrieu, qui opérait précisément à ce moment-là dans les environs de Sebdou, reçut en conséquence l'ordre de se porter le plus promptement possible vers le Sud-Ouest pour barrer aux tribus marocaines les routes des hauts plateaux. Pour remplir cette mission, le général Durrieu disposait d'un effectif très suffisant : environ 8 compagnies d'infanterie, 3 escadrons de cavalerie et les goums de Sebdou, Mascara, Daya et Saïda (1).

L'autre colonne légère, sous le commandement du général Desvaux, devait comprendre la division de cavalerie (1,300 cavaliers) renforcée de 4 bataillons d'infanterie sans sacs (1,600 hommes), d'une section d'obusiers rayés, d'une fraction de fuséens, d'un certain nombre de goumiers et de 350 mulets arabes. Cavaliers et fantassins emportaient trois jours de vivres, un jour d'orge pour les animaux (2).

_____

(1) Voir p. 11 et 12.
(2) Dans l'infanterie les hommes portaient dans la tente-abri un jour

En dehors de ces opérations dirigées contre les Angad et les Mahia, le commandant en chef prescrivit au commandant de Colomb de profiter de cette importante diversion vers le Nord pour aller châtier, au Sud, la tribu pillarde et turbulente des Beni Guil, dont les incursions sur la frontière algérienne ne se comptaient plus.

Voici d'ailleurs une lettre adressée le 31 octobre par le général de Martimprey au général Durrieu, lettre qui résume nettement son projet d'opérations :

« Le 3 au soir, je ferai partir la cavalerie d'ici. Elle marchera toute la nuit et je pense qu'elle atteindra le 4 au matin le pied des Zakkara, à 4 lieues dans l'Ouest du débouché de l'Isly. Je ne doute pas que la cavalerie, conduite par le général Desvaux, ayant en tête le commandant Bachelier avec les goums pour l'éclairer, ne pénètre dans la montagne le même jour, assez avant pour rejeter sur vous tout ce qui pourrait s'y trouver. Je suivrai le général Desvaux à un jour de distance avec l'infanterie. Il faut que le 4 au soir vous quittiez Sebdou et que, d'une traite, vous fassiez 15 à 20 lieues dans l'Ouest, en fouillant les pentes à votre droite.

« Mettez de Colomb en marche sur Tigri, avec liberté de manœuvre suivant le temps et les événements (1). »

3 novembre. — A 6 heures du soir, la colonne légère

---

de vivres, la viande cuite la veille, ainsi que les cartouches. Les deux autres journées de vivres étaient placées dans les sacs portés par des mulets (70 par bataillon). Les vivres et les bagages des officiers étaient également mis dans des sacs de troupe.

Nous nous sommes un peu étendu sur cette dernière colonne et sa composition parce qu'il y a là une question d'organisation qui présente, comme toute question de ce genre, un intérêt didactique tout particulier.

(1) Journal des marches et opérations sur la frontière du Maroc (A. H. G.).

Desvaux se mettait en marche, traversait pendant la nuit la plaine des Angad du Nord au Sud, appuyait ensuite vers l'Ouest et arrivait le 4, au point du jour, à Aïoun Sidi Mellouk où elle campait.

De son côté, au matin, le général Durrieu, avait quitté Sebdou avec sa cavalerie et rejoignait son infanterie à Sidi Djelali où elle était était venue se concentrer.

4 novembre. — Le corps expéditionnaire se mettait lui-même en marche à 6 h. 30 du matin. Le général de Martimprey avait donné, pour cette journée, l'ordre de mouvement suivant, très intéressant à étudier au point de vue des formations de marche, de leur souplesse pour une aussi grosse colonne et surtout des facilités qu'elles présentent pour passer de la marche en pays de montagne à la marche en plaine.

Le 1re division devait se mettre en mouvement à 6 h. 30 du matin, la 1re brigade en tête suivie de l'ambulance, des bagages (y compris ceux de la cavalerie), du convoi de vivres, la 2e brigade fermant la marche.

Même dispositif pour la 2e division dont le mouvement devait commencer seulement à 8 h. 30 (1).

Il était recommandé aux troupes de passer le plus rapidement possible le col qui menait à la plaine des Angad, et, arrivées dans cette plaine, de prendre un nouveau dispositif de marche, en évitant toute perte de temps. Dans chaque division, les deux brigades devaient se former à la même hauteur, en laissant entre elles un très large espace pour le convoi.

Les deux divisions constitueraient ainsi deux colonnes distinctes l'une de l'autre, en évitant d'une part de se gêner et d'autre part de se perdre de vue.

Il est certain que ce dispositif, qui permettait de passer

_____

(1) Historiques des 1er et 2e zouaves, du 13e bataillon de chasseurs.

si simplement d'une formation de marche en pays de
montagne à une formation en plaine, tout en donnant à
l'ensemble du corps expéditionnaire la sûreté la plus
complète, présente de grands avantages pour de grosses
colonnes comme celles du général de Martimprey.

Le mouvement fut exécuté dans de bonnes conditions,
mais assez lentement. La colonne ce jour-là franchit
environ 14 kilomètres et bivouaqua près du village kabyle
(Beni Snassen) de Sidi bou Houaria. En raison de la
configuration du terrain, le bivouac fut établi en triangle,
le convoi, bien entendu, au centre.

Dans la journée, le général de Martimprey apprit que
le général Desvaux était arrivé le matin à Aïoun Sidi
Mellouk, et qu'en cours de route il n'avait rien rencontré.
Il lui prescrivit de se rabattre, le lendemain, vers l'Est
en fouillant les pentes Nord de la montagne et de le
rejoindre à Tinzi ou à Sidi Mahmet (1).

5 novembre (2). — Le corps expéditionnaire continua
sa marche vers le Sud et, cette fois, fit une étape de
35 kilomètres en traversant du Nord au Sud la plaine
des Angad. On adopta la même formation de marche
que la veille en débouchant des montagnes, c'est-à-dire
chaque division marchant séparément, ses deux brigades
en colonne à la même hauteur, les impedimenta au
centre. La marche fut encore assez lente. La 1re division,

---

(1) Journal des marches et opérations sur la frontière du Maroc
(A. H. G.).

(2) *Situation d'effectif au 5 novembre.*

	Hommes.	Chevaux.	Mulets.
Grand quartier général...........	276	125	248
1re division d'infanterie...........	4,658	317	574
2e division d'infanterie...........	5,291	308	413
Division de cavalerie.............	1,783	1,869	141
Totaux.........	12,008	2,619	1,346

en queue, partie à 7 heures du matin, n'atteignit le bivouac de Sidi Mahmet que vers 5 heures du soir; sa vitesse de marche fut donc de $3^{km},500$ environ à l'heure. L'arrière-garde de cette division, obligée de ramasser les traînards, n'atteignit le camp qu'à 7 heures du soir seulement.

En cours de route, vers 11 heures du matin, on avait aperçu, dans la direction du Sud, de nombreux nuages de fumée s'élever au-dessus des pentes et des sommets des montagnes; c'étaient les Marocains qui se signalaient les uns aux autres l'arrivée du corps expéditionnaire. D'autre part, à peu près dans la même direction et au pied des montagnes, on observa une poussière intense qui semblait se déplacer de l'Ouest vers l'Est (1).

Le commandant en chef envoya immédiatement les goumiers en reconnaissance. Ils ne tardèrent pas à rencontrer le goum de la colonne Desvaux, qui était occupé précisément à fouiller les pentes de la montagne et produisait la poussière intense que l'on apercevait. Les goumiers des deux colonnes se dirigèrent sur le village de Sidi Mahmet, qu'ils trouvèrent occupé par 200 à 300 Kabyles. Après un combat de courte durée, ils s'emparèrent du village. dont les défenseurs s'enfuirent dans la montagne.

Les deux divisions d'infanterie et la colonne Desvaux trouvèrent à Sidi Mahmet des ressources abondantes en eau et en bois. On campa en carré.

A la suite des marches exécutées pendant ces deux journées des 4 et 5 novembre et de l'engagement qui venait d'avoir lieu, le général de Martimprey était à peu près certain que les Angad et Mahia étaient en fuite vers le Sud; il y avait donc de nombreuses chances pour que la colonne Durrieu arrivât à leur couper la retraite. Quant

---

(1) Historiques des 3ᵉ et 9ᵉ régiments d'infanterie.

au corps expéditionnaire lui-même, il ne pouvait, en raison de ses gros effectifs, s'engager utilement sur les hauts plateaux. De plus, il y avait intérêt à ne pas ouvrir encore les débouchés de la plaine des Angad, car les Angad et les Mahia, après s'être heurtés à la colonne Durrieu, pouvaient peut-être chercher à revenir dans cette plaine.

Le commandant en chef résolut donc de rester à Sidi Mahmet jusqu'à ce qu'il eût reçu des nouvelles précises de la colonne Durrieu, ce qui ne pouvait tarder.

6 novembre. — Dans la journée du 6, en effet, le général de Martimprey apprenait, par une lettre du général Durrieu, que ce dernier avait complètement réussi dans sa mission.

Des douars des Mahia lui ayant été signalés vers Foum Metroh, le général Durrieu, le 5 novembre, à 5 heures du soir, avait fait immédiatement partir dans cette direction toute sa cavalerie et les goumiers, en les plaçant sous les ordres du lieutenant-colonel Michel.

La petite troupe marcha toute la nuit ; le lendemain, vers 6 heures du matin, elle se trouva non seulement en présence des douars signalés, mais encore en face de plus de 40 douars des Angad et Mahia en pleine émigration et bien couverts par une cavalerie assez nombreuse qui formait l'arrière-garde. Les douars appartenaient, pour les Mahia, aux tribus des Oulad Abie, Oulad N'Hrin et Oulad Kari ; pour les Angad, aux Oulad Ali ben Thala, Oulad el Abbès Djaouna et Oulad Hassen. La plupart de ces tribus avaient participé à l'attaque de Sidi Zaher. Spahis et goumiers chargèrent vigoureusement ; les Mahia et Angad laissèrent sur le terrain 250 cadavres, 30,000 moutons et plus de 2,000 chameaux.

Le lieutenant-colonel Michel rejoignit le général Durrieu avec toutes ces prises et sans être inquiété.

Le jour même, les Angad et les Mahia demandèrent l'aman ; ils durent payer 40,000 francs et livrer 20 otages (1).

Le but poursuivi par le général de Martimprey, dans la seconde partie de l'expédition paraissait donc rempli ; les Mahia et les Angad avaient été châtiés et obligés de se soumettre.

Raid du commandant de Colomb. — D'autre part, le commandant de Colomb n'avait pas été moins heureux dans son raid contre les Beni Guil. Dès que ses contingents avaient été réunis, il s'était dirigé immédiatement vers l'Ouest, bien décidé à ne s'arrêter que lorsqu'il aurait atteint cette tribu pillarde et agressive qui avait absolument besoin d'une leçon sévère.

Le 2 novembre, à El Mehaoug, il recevait les renseignements les plus précis sur les campements des Beni Guil. Grâce à une marche de nuit, il les atteignait dans la matinée du 3 novembre, à Etnacher Gara, et les surprenait complètement. Les prises s'élevèrent à 800 chameaux, 26 chevaux, 133 ânes et 15,000 moutons (2). Le lendemain, le commandant de Colomb commençait son mouvement de retour.

Ce raid produisit un excellent effet ; il montra aux Beni Guil que l'on pouvait les atteindre quand on le voulait, et que chaque incursion de leur part risquerait fort, dorénavant, de recevoir un semblable châtiment.

Ainsi, comme le disait le général en chef en portant ces différents succès à la connaissance des troupes par l'ordre général n° 45, du rivage de la mer aux portes de Figuig, c'est-à-dire sur une ligne de plus de 100 lieues, et à plusieurs jours de marche de notre frontière, nos

---

(1) Journal des marches et opérations sur la frontière du Maroc (A. H. G.).

(2) Rapport du chef de bataillon de Colomb, Ould Mehaoug, 4 novembre (Documents annexes, p. 12-14).

ennemis marocains avaient été, en moins de dix jours, atteints et punis, et devaient subir les conditions de réparation que nous leur imposions (1).

*
* *

7 novembre. — Grâce à ces différents succès remportés le long de notre frontière algérienne sur une étendue de plus de 400 kilomètres, le général de Martimprey pouvait considérer sa mission comme terminée. Le 6 au soir, il donna en effet ses ordres pour le retour en Algérie.

Le 7 novembre, le corps expéditionnaire se mit en route en prenant encore, à peu près, la même formation de marche que les journées précédentes, c'est-à-dire chacune des deux divisions d'infanterie marchant pour son compte, ses deux brigades à la même hauteur avec le convoi au centre. La cavalerie de la 1re division marchait en tête de la colonne, celle de la 2e division en queue avec quelques cavaliers sur les flancs. Les goumiers, bien entendu, constituaient la cavalerie d'exploration. Quant à la division de cavalerie elle-même, elle recevait la mission de couvrir, vers le Sud, le flanc droit de la colonne, en passant au besoin par la montagne. Le 7 au soir, le corps expéditionnaire campa à Metlili, après une très courte étape (9 kilomètres).

8 novembre. — Le 8, les bivouacs furent établis à Sidi Moussa, sur la rive gauche de l'Isly, près du point où il débouche de la belle plaine de Guenfouda. On apercevait, en face, sur la rive droite, les ruines de Ksar Hadja, où, selon les traditions locales, serait mort Barberousse.

---

(1) Voir aux Documents annexes, p. 18.

9 novembre. — Le 9, le corps expéditionnaire bivouaqua sur l'emplacement même où avait eu lieu, en 1844,
la bataille d'Isly (1). Dans l'après-midi, le général de Martimprey, qui avait assisté à la bataille, fit élever une
colonne commémorative de 4 mètres de hauteur environ,
sur un mamelon, à l'endroit même où le maréchal
Bugeaud, le soir de l'affaire, avait fait dresser sa
tente (2). Sur un monticule voisin fut érigée une seconde
colonne en souvenir du passage du corps expéditionnaire.

Dans la soirée, des salves de coups de canon furent
tirées en l'honneur de la petite colonne du maréchal
Bugeaud ; toutes les troupes, musique en tête, défilèrent
devant la pyramide commémorative. Jusqu'à 2 heures
du matin, noubas, tambours et clairons accompagnèrent
joyeusement les vieux refrains de l'armée d'Afrique
qu'entonnaient à pleine voix chacals, nazes, chass-
marées, spahis et vitriers (3).

10 novembre (4). — Le 10, le corps expéditionnaire

---

(1) Distance parcourue : 25 kilomètres.

(2) C'était d'ailleurs également sur ce mamelon que se trouvait la
tente du fils du sultan, Mohamed. — Historiques des 1er et 2e chasseurs
de France, du 2e zouaves et du 2e Tirailleurs.

(3) « La petite fête fut terminée par une ronde gigantesque, éclairée
par des torches improvisées, dans laquelle zouaves, chasseurs d'Afrique,
hussards, fantassins et même un aumônier de la colonne, ancien
zouave, chantaient *La Casquette* » (Général Derrécagaix, *loc. cit.*,
p. 107.)

(4) *Situation d'effectif au 10 novembre.*

	Hommes.	Chevaux.	Mulets.
Grand quartier général	276	122	217
1re division d'infanterie...........	4,616	323	560
2e division d'infanterie	5,106	237	413
Division de cavalerie	1,796	1,828	160
TOTAUX...........	11,794	2,510	1,350

alla camper à Sidi Yahia, au Sud-Est d'Oudjda. Ainsi qu'il a été dit plus haut (1), le caïd, qui représentait dans cette ville l'empereur du Maroc, s'était gravement compromis vis-à-vis de nous lors des derniers événements qui avaient motivé l'expédition. Le 31 août et le 1er septembre notamment, il assistait avec ses cavaliers aux attaques de Zouïa et de Sidi Zaher et avait toléré ensuite que les têtes des chasseurs d'Afrique et spahis tués dans ces affaires fussent portées en triomphe dans les rues d'Oudjda. Inquiet, en voyant arriver le corps expéditionnaire, il chercha par une démonstration personnelle à se faire accorder des circonstances atténuantes. Il se porta au-devant du général de Martimprey avec le cadi, plusieurs membres de la djemmaa, 50 cavaliers et un cheval de soumission. Le général de Martimprey le fit arrêter et diriger sur Nemours d'où il fut embarqué à destination de Tanger. Une plainte, indiquant les griefs de la France contre ce fonctionnaire marocain, fut envoyée, en même temps, à l'empereur du Maroc.

Ce même jour, le général de Martimprey adressa au corps expéditionnaire l'ordre du jour suivant :

SOLDATS DU CORPS EXPÉDITIONNAIRE DE L'OUEST.

Les Beni Snassen vaincus par vos armes, les Mahia, les Angad et les Beni Guil frappés par les colonnes du Sud, Oudjda est aujourd'hui à vos pieds, rachetant à prix d'argent les justes châtiments encourus par ce repaire de malfaiteurs.

Son caïd, qui entretenait un tel état de choses et avait pris part à l'attaque perfide de Sidi Zaher, a été arrêté par mes ordres et dirigé sur Tanger. Sa kasbah, son maghzen, tout ce qui appartient au gouvernement marocain, avec lequel la France est en paix, demeureront d'ailleurs respectés.

La campagne est terminée ; demain vous repasserez la frontière.

Un camp d'observation sous les ordres du général Deligny, com-

---

(1) Voir p. 8-9.

mandant la subdivision de Tlemcen, veillera sur le pays jusqu'à ce que ses populations soient rentrées, de part et d'autre, dans la situation normale que leur assurent vos succès.

Je ne retracerai pas ici dans quelles circonstances ceux-ci ont été obtenus, alors qu'en quelques jours la maladie réduisait vos effectifs d'un cinquième, mais je veux louer hautement la force morale que vous avez opposée à cette rude épreuve.

Je louerai aussi l'ordre dans lequel vous n'avez cessé de marcher, et surtout votre excellente discipline, que rien ne prouve mieux que l'absence absolue de toute plainte en conseil de guerre depuis que je me suis mis à votre tête.

Enfin, toutes les recommandations que j'ai eues à vous faire, d'épargner les villages et les propriétés des populations domptées, ont été rigoureusement observées.

Je vous remercie sincèrement, soldats, et, avec vous, je remercie vos officiers et vos généraux de tous ces faits que je suis heureux de proclamer..... (1).

Dislocation. — En même temps, le général de Martimprey donnait ses ordres pour la dislocation du corps expéditionnaire qui devait commencer le 12.

Le 11 novembre, les troupes repassèrent la frontière, puis se dirigèrent sur leurs garnisons respectives (2).

Toutefois, la plus grande partie des troupes de la division d'Oran et le 9e de ligne, placés sous les ordres

---

(1) Voir aux Documents annexes, p. 18.

(2) Le 13e bataillon de chasseurs s'embarqua le 21 février 1860 pour rentrer en France. Avant son départ, il fut l'objet de la part du général de Martimprey d'un ordre des plus élogieux où l'on relève le passage suivant :

..... « En 1859, le 13e bataillon fournissait son contingent au corps expéditionnaire de l'Adriatique et quelques mois plus tard il était appelé à faire partie de l'expédition du Maroc, où son attitude fut celle d'une troupe d'élite dont rien ne peut ébranler le courage et l'énergie...

« Officiers, sous-officiers et soldats du 13e bataillon, vous avez dignement rempli votre tâche sur la terre d'Afrique. En toutes circonstances, vous avez donné l'exemple du courage devant l'ennemi, de la patience dans les fatigues et d'une parfaite discipline aux bons comme aux mauvais jours..... »

du général Deligny, furent destinés à former un camp d'observation sur la Tafna, jusqu'au moment où tout le pays frontière serait rentré dans ses habitudes normales (1).

Seules parmi les populations marocaines limitrophes, les Zakkara n'avaient témoigné aucune intention de soumission. Mais à son arrivée à Tlemcen, le 12, le général de Martimprey y trouva Si Hamza Muley Tegefaït, qui venait demander l'aman pour sa tribu et présenter des otages comme garantie du payement de l'impôt de guerre qu'elle aurait à verser. Ce chef religieux jouissait sur les versants Sud de la plaine des Angad d'une influence considérable, à peu près comparable à celle d'El Mimoun chez les Beni Snassen. Il protesta vivement de son désir sincère de voir désormais l'ordre et la paix régner sur toute la frontière et finit par convaincre le général de Martimprey qui lui accorda l'aman.

---

(1) Le camp fut établi à Hamman bel Khrier, sur les collines boisées qui dominent la rive gauche de la Tafna.

CHAPITRE V

Enseignements tactiques à tirer de cette expédition.

Ainsi qu'on l'a déjà fait ressortir au commencement de cette étude, l'expédition de 1859 est particulièrement suggestive au point de vue tactique, en ce sens qu'elle fut organisée et dirigée par deux hommes, le maréchal Randon et le général de Martimprey, qui avaient une expérience toute particulière de la guerre d'Afrique. Mais elle présente surtout le grand intérêt de nous montrer, pratiquement, comment doit stationner, marcher et combattre, en pays marocain, une colonne comprenant de gros effectifs.

Dans l'expédition de Kabylie de 1857, le maréchal Randon avait en ligne, évidemment, un plus grand nombre de combattants, puisque l'effectif, à un certain moment, atteignit 25,000 hommes. Mais les différentes colonnes ne constituèrent pas un « bloc » comme celles du général de Martimprey ; elles opérèrent pour ainsi dire chacune de leur côté, dans un pays présentant constamment, au point de vue géographique, la même configuration : la Kabylie, région montagneuse par excellence.

Les colonnes de 1859, au contraire, constamment réunies, eurent à marcher, à stationner et à combattre, tantôt dans la montagne, tantôt en plaine, dans une région d'autant plus intéressante d'ailleurs qu'elle était située en pays marocain même. D'autre part, ainsi que la correspondance du maréchal Randon le fait nettement ressortir, il a été constamment tenu compte, aussi bien dans l'organisation que dans la direction même de cette expédition de 1859, de l'expérience acquise pendant celle de Kabylie, en 1857.

On peut donc dire, qu'au point de vue de la tactique de marche, de stationnement et de combat d'une grosse colonne ayant à opérer en pays marocain, l'étude de l'expédition de 1859 constitue, de beaucoup, la meilleure base pratique que nous offrent les guerres d'Algérie. Aussi, après avoir signalé dans le cours même du récit de la campagne, les formations tactiques prises pendant les marches, les bivouacs et les combats, y a-t-il lieu de revenir sur cette question, cette fois au point de vue critique, et cela d'autant plus que cette expédition ayant été exécutée il y a près de 50 ans, il est prudent d'examiner si les progrès de l'armement et de la tactique ne conduisent pas à apporter certaines modifications aux directives qu'elle nous a fournies.

En principe, ainsi que nous l'avons déjà fait remarquer, il a paru inutile de s'occuper des colonnes de faible effectif. La question a été traitée maintes fois, en effet, et par des écrivains très autorisés; « l'Instruction pour la conduite des colonnes en Algérie », rédigée en 1890 à l'état-major de M. le général Bréart, commandant le 19e corps, fournit d'ailleurs, à ce sujet, des principes excellents, dont l'armée d'Afrique s'est toujours particulièrement bien trouvée, toutes les fois qu'elle les a appliqués.

Mais ce qui devient dès lors intéressant, et cette étude n'a pas encore été entreprise jusqu'ici, c'est de chercher à se rendre compte si les principes tactiques concernant les petites colonnes peuvent être appliqués aux colonnes comprenant de gros effectifs.

Dégager ces quelques principes et chercher à faire ressortir comment les lois de l'évolution ont conduit, dans le dernier quart du XIXe siècle, à les modifier d'une façon assez notable sera le but de ce chapitre. La configuration du sol jouant, dans la guerre d'Afrique, un rôle considérable, on distinguera deux parties, correspondant aux deux genres de terrain que l'on rencontre dans le Nord de l'Afrique : terrain découvert et terrain montagneux.

Pays découvert.

1° Tactique de marche.—a) COLONNE DE FAIBLE EFFECTIF. — En général, en Afrique, en terrain découvert, jusqu'à l'insurrection de 1882, on marchait en carré, l'infanterie sur les faces, prête à faire des feux dans toutes les directions, le convoi et l'artillerie au centre, la cavalerie soit dans l'intérieur du carré, soit sur les flancs. Le service de reconnaissance était assuré par des goumiers, celui de sûreté par une partie de la cavalerie. Ce dispositif de marche présente de grands avantages; en particulier, il permet d'éviter les surprises et de protéger efficacement le convoi dont dépend l'existence même de la colonne. Par contre, il a le gros inconvénient d'obliger les troupes à régler leur marche sur celle du convoi qui, en général, est assez lente et, par suite, fatigante. De plus, en cas d'attaque, les troupes sont rivées au convoi qu'elles ont pour mission de ne pas quitter : elles ne peuvent donc manœuvrer.

Le désastre de Chellala (colonne Innocenti, 17 mars 1881) montra d'ailleurs très nettement les inconvénients du dispositif précité (1).

L'escorte tout entière était agglomérée autour du convoi lui-même. Un gros allongement se produisit : près de 3 kilomètres. Les Arabes attaquant, selon leur

---

(1) Se reporter au croquis n° 2.

habitude, un peu dans toutes les directions, péné-
trèrent dans le convoi lui-même, où ils jetèrent le plus
grand désordre et firent de nombreuses victimes. Il faut
ajouter qu'une autre cause du désastre de Chellala (et,
au point de vue enseignement, elle est éminemment
suggestive) fut que le goum et la cavalerie se replièrent
sur la colonne, masquant ainsi les feux de l'infanterie.

Aussi l'année suivante (1882), le général de Négrier
divisa-t-il sa colonne en deux groupes (1) : un échelon
de manœuvre ou de combat et le convoi proprement dit,
pourvu d'une escorte suffisante. Ce n'était pas autre
chose, d'ailleurs, que le dispositif employé dans la guerre
européenne.

Le convoi, bien entendu, doit être muni d'une escorte
telle que l'échelon de manœuvre puisse avoir toute sa
liberté d'action.

Quoi qu'il en soit, la formation prise par le général de
Négrier, la répartition de ses moyens en deux échelons,
escorte et échelon de combat, présente de tels avantages
qu'actuellement tous les officiers, qui ont servi et marché
en Algérie, n'hésitent pas à la préconiser.

Cependant en ce qui concerne la cavalerie, d'après
les documents auxquels nous nous sommes reporté, elle
aurait opéré, avec les goums, à environ une demi-journée
de marche en avant de la colonne. Il est probable que
le général de Négrier avait des raisons toutes particulières, et surtout toutes momentanées, pour se servir
ainsi de sa cavalerie.

Mais il semble que c'est là bien aventurer la cavalerie
qui, au point de vue exploration, ne saurait rendre de
meilleurs services que les goums et dont l'absence, par
contre, peut se faire sentir d'une façon très sensible, si
l'échelon de combat vient à engager la lutte.

----

(1) Voir croquis n° 3.

On peut poser en principe que, dans le Nord de l'Afrique, la cavalerie, à grande distance, est une hérésie, même en plaine, et qu'elle est essentiellement et avant tout « organe de combat ». Le service de renseignements doit être fait uniquement par des chouofs (goumiers).

b) Colonne présentant un gros effectif. — La question nous intéresse particulièrement dans cette étude.

En terrain découvert, doit-on employer comme formation de marche d'une colonne présentant un gros effectif (et par là nous entendons un effectif atteignant déjà 5,000 à 6,000 hommes), la répartition en échelon de combat et convoi ?

Évidemment, on ne saurait répondre affirmativement pour tous les cas qui peuvent se présenter, car on aboutirait alors au schéma, qui est à éviter aussi bien dans la guerre coloniale que dans la guerre européenne. Il n'en est pas moins vrai que, d'une façon générale, le principe de la répartition en deux éléments, échelon de combat et convoi, est aussi bien applicable aux grosses colonnes qu'aux petites. La démonstration en est d'ailleurs facile : Une colonne tout entière, agglomérée, concentrée autour du convoi, peut difficilement manœuvrer ; elle subit la volonté de l'adversaire, elle pare peut-être les coups mais il lui est bien difficile d'en porter, et d'en porter là où l'ennemi montre son point faible. En résumé, c'est en quelque sorte la guerre de position.

Avec un échelon de combat complètement distinct du convoi, la scène change. Pendant que ce dernier élément est attaqué, l'échelon de combat manœuvre, et manœuvre de telle sorte que l'ennemi finit par être pris entre deux feux, tactique qui a toujours réussi contre un adversaire qui, lui, ne manœuvre pour ainsi dire pas, qui combat droit devant lui.

C'est donc la tactique de mouvement, la seule d'ailleurs qui, depuis que les hommes se battent, ait obtenu finalement le succès.

On peut constater que cette répartition en échelon de combat et convoi, correspondant à cette tactique de mouvement, fut surtout mise en pratique en 1882, c'est-à-dire à une époque où, grâce à l'École de guerre, nous étions en pleine rénovation tactique et revenions enfin aux principes qui avaient conduit tant de fois Napoléon Ier à la victoire. Nous insistons quelque peu sur ce point car, depuis 1870, il existe en France une tendance caractéristique à considérer la guerre coloniale comme différant complètement de la guerre européenne. Évidemment, une expédition coloniale, exécutée généralement dans un pays qui offre peu d'analogies comme climat ou configuration avec les régions européennes, et de plus, contre des adversaires employant une tactique des plus rudimentaires, il y a lieu d'adopter, dans l'organisation et la conduite de l'expédition, des procédés particuliers ; mais il n'en reste pas moins vrai que les grands principes tactiques y sont toujours applicables.

Cette répartition en échelon de combat et convoi, toujours employée dans la guerre européenne et adoptée maintenant en Afrique, en est un exemple très caractéristique.

On pourrait même dire qu'elle s'impose dès qu'une colonne présentant un gros effectif marche en terrain découvert à proximité de l'ennemi. C'est la formation que choisit le général de Martimprey lorsqu'il quitta le camp du Kiss, le 21 octobre, avec une partie du corps expéditionnaire (environ 8,000 hommes), pour aller installer à deux jours de marche de là, le poste-magasin de Berkane (1). Ayant à traverser un pays complètement découvert, la plaine des Trifa, il répartit sa

---

(1) Voir croquis nº 4.

colonne en échelon de combat et convoi, attribuant à ce
dernier une escorte de deux bataillons (le quart environ
de son effectif en infanterie). L'échelon de combat couvrait le convoi dans la direction dangereuse, le Sud,
c'est-à-dire vers les montagnes occupées par les Kabyles,
et la cavalerie le flanquait au Nord, vers la plaine, où
elle avait ainsi l'espace nécessaire pour manœuvrer.

Évidemment, cette formation ne doit pas être présentée comme un schéma invariable pour une colonne
d'un assez fort effectif, mais il est certain, qu'aux points
de vue sûreté et souplesse, elle offre de grands avantages.
Le général de Martimprey, les 21 et 22 octobre, malgré
les ravages que le choléra faisait dans la colonne, put
franchir une distance de 27 kilomètres du camp du Kiss
à Berkane, sans être inquiété par les Kabyles et sans
laisser de traînards.

Échelon de combat. — Si nous entrons maintenant
dans les détails d'organisation de l'échelon de combat
nous voyons :

1° La sûreté immédiate assurée, en dehors des
patrouilles de cavalerie, par une avant-garde et une
arrière-garde ;

2° L'artillerie répartie sur toute la longueur de la
colonne, ce qui permettait, en cas d'attaque, de pouvoir
répondre immédiatement aux Marocains avec deux
armes contre une ;

3° Un détachement de sapeurs accompagné de mulets
porteurs d'outils, en tête de l'échelon de combat ; excellente mesure toutes les fois que l'on a à opérer dans une
région presque inconnue ;

4° Les bataillons en colonne ; les compagnies en
colonne à distance entière.

Cette formation de marche est excellente ; très
employée en Algérie sur les hauts plateaux et dans le
Sud, elle permet d'aérer largement la colonne, assure

aux hommes une liberté de marche très suffisante; enfin en cas d'attaque, par une simple conversion à droite ou à gauche, elle permet de faire face immédiatement à l'assaillant.

Notre ligne de sections par quatre actuelle est également une formation de marche très pratique, qu'il y aurait même avantage à employer dans les terrains parsemés de jujubiers, de diss et de palmiers nains, et en général d'arbrisseaux comme l'on en trouve dans les plaines africaines.

Service de reconnaissance. — Le service de reconnaissance ou d'exploration était assuré par les goums. Placés sous un commandement unique, ils opéraient à une distance variant de 8 à 10 kilomètres et étaient dirigés par des officiers des bureaux arabes.

Tel a été et tel sera toujours leur rôle.

Sûreté. — Assurée par la cavalerie dont les patrouilles avaient surtout pour mission de fouiller les plis de terrain dans un rayon de 500 à 1,000 mètres de la colonne.

C'était là une sage précaution, car l'expérience des guerre d'Algérie a montré que la tactique la plus habituelle des Arabes consiste à profiter de ces plis de terrain pour s'y défiler et se jeter ensuite, à courte portée, sur la colonne en marche et surtout sur le convoi.

La cavalerie, bien entendu, ne consacre à ce rôle qu'un effectif bien minime et marche concentrée sur un des flancs du dispositif. Son rôle d'ailleurs, on ne saurait trop le répéter, n'est pas de charger immédiatement la cavalerie ennemie qui, en pareil terrain, cherche à se lancer surtout sur les défenseurs du convoi; elle ne doit agir que lorsque les moukhalas des fantassins ont brisé cette attaque par le feu. C'est à elle qu'il appartient alors d'exécuter la poursuite et d'achever la déroute.

Convoi. — Le convoi, dans la colonne du général de Martimprey, ne comprenait pas de convoi administratif, c'est-à-dire la partie la plus encombrante à tous points de vue. On ne saurait donc se baser sur ce dispositif pour donner une formation-type.

En principe, le convoi d'une colonne un peu importante se compose de trois parties :

1° Train de combat ;

2° Train régimentaire ;

3° Convoi administratif.

Le nombre de jours de vivres emportés dépend des intentions du commandement, de l'effectif, de l'organisation de la ligne d'étapes, enfin d'une foule de circonstances que l'on ne saurait prévoir.

En général, on adopte en Algérie pour un convoi un peu considérable la formation indiquée au croquis n° 5. Nous supposerons que l'escorte comprend trois bataillons. Les compagnies des faces, de tête et de queue marchent par section par le flanc, à intervalles suffisants pour pouvoir se former facilement en ligne ; les compagnies des faces latérales en colonne à distance entière, comme à l'échelon de manœuvre.

Le convoi doit être pourvu d'une petite arrière-garde marchant à proximité et destinée à recueillir les traînards (hommes et animaux). Il est prudent également d'adjoindre à cette arrière-garde un petit détachement de cavaliers.

*
* *

Observations sur les marches en Afrique. — En Afrique, lorsqu'on doit exécuter une étape un peu longue, malgré les gros inconvénients qu'il y a à marcher la nuit, il ne faut pas hésiter à lever le camp de très bonne heure : à 2 ou 3 heures du matin.

Nous avons vu plusieurs fois des commandants de détachements, hantés précisément par les inconvénients dont nous parlons, attendre le petit jour pour donner le

7

signal du départ, et cela bien que les troupes eussent à exécuter un long trajet. L'arrivée à l'étape fut toujours une véritable débandade, sans compter les cas mortels produits par les insolations.

Entre deux maux il faut choisir le moindre et partir pendant la nuit. Dans le Nord de l'Afrique, on a bien souvent cette « obscure clarté qui tombe des étoiles » et qui suffit au fantassin pour ne pas trop buter et se fatiguer. La diminution de sommeil est ensuite compensée par la sieste de l'après-midi.

Enfin, si, même en partant la nuit, la longueur de l'étape ne permet pas d'arriver à l'endroit choisi pour bivouaquer avant 8 h. 30 ou 9 heures du matin, il faut s'arrêter et reprendre la marche vers 4 heures de l'après-midi. On profite de cette grand'halte pour faire la soupe.

Les haltes horaires se font comme en France.

*
* *

Cas où il n'est pas possible de séparer le convoi de la colonne. — Il peut arriver, soit en raison du terrain, soit par suite de circonstances particulières, qu'il ne soit pas possible de séparer le convoi de la colonne.

Dans ce cas, l'étude du désastre de Chellala montre qu'il faut alors former le convoi sur la plus grande largeur possible, afin d'éviter les allongements qui aboutiraient à des vides et par suite à des parties dépourvues de défenseurs. Enfin, précaution indispensable, on doit avoir bien soin de prévenir les goumiers que s'ils se retiraient directement sur le convoi, l'escorte n'hésiterait pas à tirer sur eux.

L'expédition de 1859 fournit précisément, au sujet de ce cas particulier un exemple très intéressant. Lorsque le corps expéditionnaire quitta le camp d'Aïn Taforalt, le 4 novembre, pour participer au mouvement enveloppant contre les Angad et les Mahia, il eut à parcourir une première étape mi-partie en montagne, mi-partie sinon en plaine, tout au moins en terrain légèrement mamelonné. Le corps expéditionnaire comprenant un gros effectif (environ 14,000 hommes), le général de Martimprey constitua deux colonnes distinctes (la cavalerie était partie la veille, accompagnée de quelques unités d'infanterie, avec une mission spéciale), correspondant chacune aux divisions 1re et 2e. Ces deux colonnes se mirent en marche l'une après l'autre, chacune d'elles ayant au centre son convoi, qui comprenait cette fois le train régimentaire, le train de combat et le train administratif.

A la sortie des montagnes, chaque division prit la formation indiquée dans le récit des opérations (1), c'est-à-dire la brigade de tête continuant droit devant elle, le convoi se formant à sa gauche et la brigade de queue se portant elle-même à la gauche du convoi (2). Les goumiers, comme toujours, constituaient le service d'exploration; la cavalerie, attachée à chaque division, assurait le service de sûreté immédiate. Ce procédé très ingénieux permettait de passer facilement sans à-coups, sans arrêts, de la formation de marche en pays de montagne à la formation en pays de plaine (3).

Le général de Martimprey trouva d'ailleurs cette formation tellement pratique qu'il là conserva les jours suivants et pendant tout le reste de l'expédition pour se mouvoir dans la plaine mamelonnée des Angad et dans la région voisine d'Oudjda, qui présente des accidents de terrain assez accentués.

Cette formation, qui répond au cas particulier traité

(1) Voir p. 79 et suiv.

(2) Voir croquis n° 6.

(3) Il est à remarquer que le même procédé pouvait être employé réciproquement pour passer de la plaine dans la montagne.

dans ce paragraphe, offre des avantages, mais elle présente un gros inconvénient : c'est d'obliger les troupes à se maintenir à la hauteur du convoi. La marche devient alors très lente, pleine d'à-coups, d'arrêts et, par suite, est des plus pénibles.

C'est ainsi que le 5 novembre, dans la traversée de la plaine des Angad, la 1re division partie à 7 heures du matin, en queue de la colonne, n'atteignit le bivouac de Sidi Mahmet que vers 5 heures du soir. L'étape étant de 35 kilomètres, sa vitesse de marche ne fut donc en moyenne que de 3 kilom. 500 environ à l'heure.

2° **Tactique de combat.** — Un seul cas sera considéré : celui de la colonne en marche, tous les autres pouvant en effet se réduire à deux : défense du camp, dont nous nous occuperons un peu plus loin, ou bien attaques faites par la colonne. Ces attaques réclament des procédés particuliers, qui sont subordonnés aux circonstances, au but poursuivi ; mais elles peuvent se résumer dans le principe suivant : fixer l'ennemi sur le front et chercher à obtenir la décision en exécutant un mouvement tournant. C'est d'ailleurs la tactique employée constamment dans les guerres d'Algérie et résumée dans l'aphorisme du maréchal Bugeaud : « Il ne faut pas prendre le taureau par les cornes. »

Pendant l'expédition de 1859, le corps expéditionnaire ne fut pas inquiété pendant les marches en plaine. Nous ne pouvons donc tirer de cette campagne aucun exemple pratique. Toutefois, nous tenons à résumer les quelques principes qui ont été tirés des guerres d'Algérie ou qui ont été indiqués par les principaux généraux qui se sont illustrés dans ces guerres.

Si l'ennemi vient à attaquer la colonne en marche, les goumiers rallient la cavalerie, en ayant bien soin toutefois de ne pas masquer les feux de l'infanterie.

Le convoi s'arrête et chaque élément serre le plus possible, l'escorte garnissant complètement les faces, les mulets tournés vers l'intérieur, les chameaux entravés.

Cela fait, prendre les précautions les plus minutieuses vis-à-vis des Sokrars, qui peuvent être de connivence avec les assaillants (les exemples en sont nombreux), et, dans ce cas, chercheront à jeter le désordre dans le convoi, en lâchant les chameaux ; faire coucher tous les Sokrars un peu en dehors des chameaux, afin qu'ils ne puissent pas couper les cordes, et les prévenir qu'au premier mouvement de leur part, les sentinelles tireront sur eux.

Puis l'échelon de combat manœuvre suivant les circonstances, essayant autant que possible de prendre l'ennemi de flanc, pendant que celui-ci attaque son objectif habituel : le convoi.

Conduite du feu. — La conduite du feu dépend essentiellement de l'armement des assaillants.

Si l'on a affaire à un adversaire armé de fusils à faible portée (200 à 300 mètres), le laisser approcher à courte distance (300 à 400 mètres) et ouvrir à ce moment un feu des plus violents, dont tous les coups auront grande chance de porter. La leçon sera certainement salutaire et il est fort probable que l'ennemi hésitera dès lors à attaquer.

Si au contraire on ouvre le feu à très grande distance, les assaillants se dérobent, se défilent, pour attendre une meilleure occasion, et la colonne ne cessera d'être harcelée. La leçon aura été évitée.

Dans le cas où l'adversaire est armé de fusils à longue portée, il n'y a pas de raisons pour ne pas se conformer dès lors aux principes admis dans la guerre européenne pour la conduite du feu.

Rôle de la cavalerie pendant le combat. — La cavalerie cherche les occasions favorables de charger, mais doit éviter soigneusement de masquer les feux de l'infanterie et de l'artillerie.

C'est à elle qu'incombe la tâche de compléter le suc-

cès et de transformer en déroute la fuite de l'adversaire.

Il serait bon, nécessaire même, de pouvoir l'appuyer
avec quelques compagnies montées de la légion étrangère (1).

La cavalerie doit se rappeler constamment qu'en tant
que valeur individuelle, elle a en face d'elle des adversaires, sinon supérieurs, tout au moins égaux, mais
qu'elle triomphera d'eux facilement si elle sait profiter
de la supériorité que lui donnent son organisation, sa
discipline et sa tactique. C'est donc en ordre serré
qu'elle doit combattre et jamais en fourrageurs. C'est là
un vieux principe légué par nos pères, qui ont conquis
l'Algérie, et que nous devons fidèlement observer. C'est
ainsi que dans la guerre hispano-marocaine de 1859, au
début, la cavalerie espagnole chargeait follement tout
ce qui se présentait devant elle et se faisait décimer. A
la fin, au contraire, les cavaliers marocains, se heurtant
constamment à des escadrons en bon ordre serré, n'o-
saient même pas les attaquer. Par contre, il est nécessaire d'ajouter que, dans la dernière partie de la guerre,
la cavalerie espagnole, intimidée par ses insuccès du
commencement de la campagne, avait également perdu
tout son allant, toute son audace.

3° **Tactique de stationnement.** — Nous ne parlerons
pas des camps de Ras Mouïlah, de l'oued Kouarda, de
Tiouly et même du Kiss, où les troupes du corps expéditionnaire se sont concentrées. Ils représentent, par leur
permanence même, un cas tout à fait particulier et ne
répondent pas à l'étude à laquelle nous nous livrons.
Pendant le cours même des opérations, à plusieurs

---

(1) Le maréchal Bugeaud faisait toujours charger sa cavalerie par
échelons et appuyée par des compagnies sans sac.

reprises, les troupes du général de Martimprey eurent à stationner en plaine (Aïn Djeraoua, 21 octobre ; Sidi Mahmet, 5 novembre ; Metlili, 7 du même mois). Le camp fut presque toujours établi en carré, l'infanterie sur les faces, les autres armes et le convoi à l'intérieur.

Évidemment, le carré affecta quelquefois des formes plus ou moins régulières, mais le principe même de la figure géométrique fut toujours observé. Et, en effet, cette manière de camper convient aussi bien aux grosses colonnes qu'à celles d'un faible effectif. Elle n'implique d'ailleurs pas l'obligation de faire un seul camp. Dès que l'effectif devient un peu considérable, il y a peut-être intérêt à en avoir plusieurs s'échelonnant en profondeur et en largeur de façon, en cas d'attaque, à croiser leurs feux et non à les masquer.

Le 21 octobre, à Aïn Djeraoua, on campa en carré (1). La division de cavalerie forma la deuxième face, la 1re brigade d'infanterie la première face et la moitié de la troisième, la 2e brigade d'infanterie acheva de constituer le carré ; l'artillerie et le génie se placèrent un peu en arrière de la première face, ainsi que le quartier général ; l'ambulance s'établit au centre du carré avec le train et le convoi.

Le 25 octobre, la 2e division d'infanterie, en arrivant à Berkane, campa encore en carré ; la quatrième face était formée par la division de cavalerie.

Mais ces deux camps d'Aïn Djeraoua et de Berkane ne comprenaient qu'une partie du corps expéditionnaire. A Sidi Mahmet, le 5 novembre, le corps expéditionnaire ne constitua qu'un seul camp ayant la forme d'un immense carré. La division Yusuf (2e division) se prolongeant jusqu'au fond de la vallée, s'établit dans les jardins d'un beau et grand village kabyle et sur la berge

---

(1) Voir croquis n° 7.

droite du ruisseau; elle occupa ainsi deux faces. La 1re division campa sur l'autre rive en une seule face et la cavalerie ferma le camp.

A Timzi (oued Metlili), toute l'infanterie campa en un seul carré avec tous les impedimenta au centre, mais la cavalerie alla former un camp à part dans une vallée voisine où la paille et l'eau étaient en abondance.

On voit donc que, pour une colonne de gros effectif, il n'y a pas de principe absolu et qu'elle peut former un ou plusieurs camps, suivant le terrain, suivant les circonstances.

En ce qui concerne l'installation proprement dite au camp, le général de Martimprey avait donné les instructions les plus sévères pour qu'elle ait lieu très rapidement et surtout avec ordre. Dans ce but, il recommandait tout particulièrement d'assigner toujours le même emplacement (par rapport aux faces) à chaque élément. C'est là d'ailleurs un procédé dont on s'est toujours bien trouvé en Algérie, quel que soit l'effectif de la colonne.

Nous ne nous occuperons pas des précautions à prendre au point de vue de l'emplacement même du camp, des mesures d'ordre au départ, de la nécessité d'éviter les sonneries, etc., autant de questions traitées dans nos règlements; nous en arriverons de suite à la partie essentielle : au dispositif de sûreté.

Sûreté. — Pendant cette expédition de 1859, dans les différents camps, chaque face se gardait elle-même, sous la responsabilité du chef qui la commandait. Elle détachait sur son front et dans les secteurs privés de feux une ou plusieurs grand'gardes fortes d'une compagnie, d'un peloton et même d'une section; la distance variait d'après le terrain. Ces grand'gardes, constituant la ligne de résistance du réseau d'avant-postes, devaient, en principe, être placées à une distance telle qu'elles empêchaient l'ennemi de pouvoir tirer dans le camp (la question artillerie, dans ce cas, n'avait pas à intervenir, puisque les Marocains n'en possédaient pas) et de façon, en cas d'alerte, à donner aux troupes le temps suffisant pour prendre les armes.

D'autre part, avec un ennemi tel que le Marocain, qui cherche avant tout à agir par surprise, elles ne devaient pas être trop éloignées; il fallait qu'on puisse les secourir avant qu'elles soient assaillies, donc qu'elles se trouvent sous le feu même du camp. A cette époque, avec la faible portée des armes, cette condition conduisait à établir les grand'gardes à 400 ou 500 mètres; elles ne furent d'ailleurs jamais placées en deçà et fort heureusement. Les Espagnols, en cette même année, au début de leur campagne contre les Marocains, au Serrallo, placèrent leurs grand'gardes à 150 mètres et se firent constamment surprendre.

Actuellement, la plupart des Marocains sont armés du Remington, dont la bonne portée est d'environ 1,000 mètres, et d'un assez grand nombre d'autres fusils ayant sensiblement la valeur de ceux en usage dans les armées européennes. Il faudrait donc placer les grand'gardes beaucoup plus loin. Une distance de 700 ou 800 mètres environ répondrait aux différentes conditions de sûreté énumérées plus haut.

D'autre part, ainsi qu'aimait à le répéter le maréchal Bugeaud, « les avant-postes ne doivent pas être seulement la cuirasse, mais aussi et surtout l'œil de l'armée ».

En 1859, ce dernier rôle était rempli, pendant le jour, un peu par la cavalerie, mais surtout par les goumiers, qui avaient comme instructions de pousser leurs patrouilles le plus loin possible.

Les grand'gardes détachaient, à 200 ou 300 mètres, des petits postes de 4 hommes et non des sentinelles doubles qui, comme le disait le général Yusuf, « avec un tel genre d'adversaires, seraient trop facilement enlevées ».

Pendant la nuit, les distances étaient resserrées (actuellement, on pourrait les reporter à 500 ou 600 mètres et les postes de 4 hommes à 100 ou 150 mètres); goumiers et cavaliers rentraient bien entendu. Les grand'gardes changeaient toujours leurs emplacements et, pour augmenter leur force de résistance, se fortifiaient au moyen de tranchées-abris rapides. Les petits postes de 4 hommes tenaient toutes les voies d'accès : chemins, sentiers, pistes et ravins.

On a souvent prétendu que les Arabes n'attaquaient *jamais* de nuit. Cette assertion est peut-être vraie d'une manière générale ; en tout cas, les guerres d'Afrique nous fournissent de nombreux exemples d'attaques nocturnes.

D'ailleurs, le maréchal Bugeaud écrit dans ses Instructions spéciales à l'Afrique : « Est-il donc vrai que les Africains n'attaquent jamais la nuit?..... Il nous suffit de citer notre propre histoire depuis dix ans. Dans les provinces de Bône et de Constantine, dans celles d'Alger et d'Oran, les Arabes ont tenté des attaques de nuit..... Témoin d'une de ces attaques, nous avons vu deux troupes d'élite prendre les armes avec beaucoup de trouble et partant de lenteur (1). »

Dans une étude intitulée : *De la guerre en Afrique*, le général Yusuf mentionne également plusieurs cas d'attaques de nuit.

Tout récemment encore, il y a huit ans, notre poste de Timmimoun, commandé par le chef de bataillon Reibell, a été attaqué en pleine nuit. Enfin, les opérations actuelles du Maroc nous fournissent l'exemple du combat du 8 avril dernier.

On ne saurait donc prendre trop de précautions. En dehors des grand'gardes, il est prudent de désigner, sur

---

(1) Bugeaud, *Du service des avant-postes en Afrique*, p. 3-4.

chaque face, une fraction de piquet assez importante (une compagnie par exemple), les officiers de cette compagnie faisant le quart comme à bord des navires. C'est un procédé que nous avons employé au Tonkin et qui nous a toujours donné de bons résultats. Il évite les affolements et assure, au premier moment, l'exercice du commandement. Il est assez curieux de constater que dans les instructions données par l'état-major espagnol, au début de la guerre de 1859, le service de quart, fait par les officiers pendant la nuit, est très recommandé. Chacun dort plus tranquille lorsqu'il sait qu'un officier veille.

La question d'une troupe de réserve, établie au centre d'un camp près de la garde de police, a été très discutée. On y trouve certainement plutôt des avantages.

En cas d'alerte, les fractions de piquet se portent sur le front de bandière et attendent les ordres, les autres troupes ne bougent pas. En tout cas, personne ne doit tirer sans l'ordre du commandant de la face ou de l'officier de quart.

Le général Yusuf recommandait même, en cas d'attaque, de faire coucher les hommes occupant les faces, les officiers debout et en avant, de façon que l'on soit bien sûr que le feu ne serait ouvert que sur l'ordre de ces derniers et lorsque les grand'gardes seraient repoussées.

D'ailleurs, ce sont là des dispositions de détail que chaque commandant de colonne doit régler d'avance.

Pays montagneux.

1º Tactique de marche. — Pour une troupe de faible effectif, la marche en pays montagneux ne présente pas, dans le Nord de l'Afrique, de très grosses difficultés, si toutefois le chef prend les mesures de sûreté nécessaires.

Il n'en est pas de même pour une colonne un peu
nombreuse. On peut dire que les difficultés croissent
alors avec l'effectif, et cela se conçoit facilement. En
cas d'attaque, il est en effet presque impossible de
manœuvrer, d'utiliser la supériorité numérique ou tactique. D'autre part, l'unité de commandement devient
délicate à assurer, la volonté du chef difficile à trans-
mettre. Il en résulte que l'ordre de marche de la colonne
et le dispositif de sûreté doivent être prévus avec le
plus grand soin. C'est ce que nous avons vu faire
d'ailleurs par le général de Martimprey, dès qu'il dut
s'engager dans les montagnes des Beni Snassen. Nous
ne reviendrons pas sur le dispositif de marche qu'il a
adopté dans ces circonstances, nous l'avons décrit suffisamment en détail (1).

Nous résumerons simplement les principes que l'expérience de cette campagne, ainsi que celles de Kabylie
et de 1859-60 (hispano-marocaine), semble faire ressortir
pour la marche d'une grosse colonne en pays montagneux (2).

1º Constituer un échelon de combat débarrassé de ses
impedimenta et qui représente, en quelque sorte, à la
fois l'avant-garde et le gros de la colonne;

2º Donner au convoi une forte escorte répartie de
telle sorte que l'assaillant, quel que soit le point qu'il
attaque, trouve toujours des fusils devant lui ou sur son
flanc;

3º Placer la majeure partie de la cavalerie derrière le
convoi, pour contribuer à sa défense et en même temps
pour qu'elle soit elle-même encadrée dans la colonne,
à laquelle, pendant ce genre de marche, elle ne peut
rendre que très peu de services;

_____

(1) Voir p. 61 et suiv.
(2) Voir croquis n°ˢ 1, 8 et 9.

4° Constituer une forte arrière-garde ; les Marocains, ainsi qu'on le voit surtout dans la guerre hispano-marocaine, dirigeant principalement leurs attaques sur le convoi et sur l'arrière-garde ;

5° N'engager le convoi dans une vallée, dans un col ou dans tout autre passage dangereux, que lorsque l'échelon de combat est maître des débouchés et des flancs. Dans le cas où il serait nécessaire de détacher des flanc-gardes, détacher des flanc-gardes fixes, qui ne doivent rejoindre l'arrière-garde qu'après l'écoulement complet de la colonne. Toutefois, si les flancs du défilé sont praticables, l'échelon de combat détache des flanc-gardes mobiles, qui marchent à hauteur du convoi ;

6° La marche étant très lente, ne pas faire en général de haltes horaires.

En pays de montagne, il est très dangereux de marcher dans l'obscurité, surtout dans une région peu connue, aussi ne faut-il pas fixer le départ à 2 ou 3 heures du matin, ainsi que nous le préconisions plus haut dans les marches en pays de plaine (1).

On doit attendre le petit jour pour donner le signal du départ, et, comme d'autre part la vitesse de marche, en terrain montagneux, est excessivement faible, si l'on veut faire une forte étape, il faut recourir à la grand'halte. Elle est faite au moment de la plus forte chaleur ; les troupes en profitent pour faire la soupe.

Pendant ce temps, la tête de l'échelon de combat, l'avant-garde et les flanc-gardes veillent à la sécurité de la colonne.

Ces principes ne sont autres, d'ailleurs, que ceux qu'a exposés le maréchal Bugeaud dans ses Instructions spéciales à la Kabylie (2), et qui doivent constituer le

---

(1) Voir p. 97-98.
(2) Bugeaud, *De la stratégie, de la tactique, des retraites et du passage des défilés dans les montagnes des Kabyles.*

bréviaire de tout commandant de colonne opérant dans
ces régions.

En résumé, la marche en pays montagneux est particulièrement longue, pénible, et présente de grosses
difficultés. Le gros de la colonne et le convoi doivent
s'avancer « en quelque sorte dans un couloir », en se
faisant protéger constamment sur les deux flancs, au
moyen de flanc-gardes détachées successivement par la
tête de la colonne et qui ne se retirent que lorsque le
dernier élément les a dépassées.

2° **Tactique de stationnement.** — Les principes sont les
mêmes qu'en plaine ou sur les hauts plateaux. Toutefois,
lorsqu'il s'agit de gros effectifs, comme il n'est pas toujours facile de trouver des plateaux ou des paliers suffisamment étendus, on peut répartir les éléments de la
colonne en plusieurs camps et surtout donner à ceux-ci
des formes se rapprochant du carré ou tout au moins
du triangle. L'expédition de 1859 fournit encore, au
sujet de l'établissement de ce genre de camps, des
exemples très caractéristiques.

A la suite de l'enlèvement du col d'Aïn Taforalt, le
corps expéditionnaire s'installa dans une espèce de
conque presque horizontale, s'allongeant de l'Est à
l'Ouest sur une étendue de 700 à 800 mètres et large de
400 à 500 mètres. Cet espace était fermé de toutes parts;
on ne pouvait y pénétrer au Nord que par les cols de
Taforalt et d'Orenfou, et, du côté opposé, vers le Sud,
que par un troisième col d'un abord plus facile, d'où
l'on aperçoit la plaine des Angad. Un seul camp fut
établi, affectant la forme générale d'un vaste rectangle;
cependant, en raison de la présence d'un mamelon assez
élevé situé sur la face Nord, celle-ci ne fut que partiel-
lement occupée.

On voit donc que quels que soient les effectifs, on
arrive toujours à donner aux camps des formes assez

régulières (carré, rectangle, trapèze ou triangle), même si l'on se trouve sur un terrain accidenté.

Le bivouac du 4 novembre, dans la gorge de Bou-Houria, en fournit un exemple.

Craignant de ne pouvoir trouver de l'eau en plaine, le corps expéditionnaire alla bivouaquer dans les gorges de Bou-Houria. Les deux brigades de la 1re division se formèrent en bataille, face aux pentes qui constituent les versants de la vallée. Celle-ci allant en s'élargissant du côté de la plaine, les deux brigades occupèrent les deux côtés d'un triangle, dont la division Yusuf forma le troisième côté en se formant sur une ligne perpendiculaire à l'oued. Tout le convoi campa au centre de ce triangle. Des avant-postes furent établis sur les crêtes et sur les plateaux voisins.

En pays de montagne, il peut arriver que, sur certaines faces, la pente un peu forte rende difficile l'installation des tentes; dans ce cas, on campe par demi-sections un peu espacées, les tentes établies parallèlement au tracé proprement dit.

L'infanterie fournit uniquement les avant-postes, aussi bien de jour que de nuit, la cavalerie, en pareil cas, ne pouvant être utilisée pour ce service. Il en résulte évidemment quelquefois pour l'infanterie un surcroît de fatigue. On peut alors la soulager en faisant contribuer la cavalerie au service des avant-postes, mais dans ce cas, on l'utilise uniquement à pied.

Les postes, autant que possible, tiennent les points dominants environnants, de manière à mettre les camps tout au moins à l'abri des feux de mousqueterie.

Le commandant de la colonne a le devoir de se préoccuper non seulement de la sûreté matérielle de la colonne, mais également de ce que l'on peut appeler la sûreté « tactique », c'est-à-dire qu'il doit envoyer le soir même de l'arrivée, une forte fraction occuper le col ou le débouché qui permettra le lendemain de se porter en

avant. On évitera ainsi de combattre dès le départ, ce
qui occasionne une grosse perte de temps et devient
souvent une cause de démoralisation.

3° **Tactique de combat.** — Au point de vue du combat,
trois cas peuvent se présenter :

a) *Attaque du camp.* — Il n'y a pas lieu d'y revenir,
les principes énoncés pour la défense du camp, en
plaine, restant encore vrais en pays de montagne.

b) *La colonne attaque.* — Évidemment, dans ce cas,
on ne saurait indiquer de principes fermes. Le plan
d'engagement dépend d'une foule de circonstances que
l'on ne saurait prévoir, et la configuration du terrain
joue souvent un rôle prépondérant. Néanmoins, là
encore, l'expérience des expéditions faites en pays
montagneux a montré que l'on obtenait le meilleur
résultat, avec le minimum de pertes, en fixant l'ennemi
sur son front et en cherchant à exécuter un mouvement
tournant sur l'un de ses flancs. C'est d'ailleurs le procédé employé par le général de Martimprey pour l'attaque du col d'Aïn Taforalt, le 27 octobre 1859.

Ce combat d'Aïn Taforalt a déjà été décrit en détail
dans le récit des opérations (1), mais pour bien montrer
combien le principe précité avait de valeur aux yeux des
généraux qui avaient une longue expérience de la
guerre d'Afrique, nous rappellerons le passage suivant
de l'ordre général adressé par le général de Martimprey
au corps expéditionnaire, le 6 octobre 1859, c'est-à-dire
avant le commencement des opérations :

« Je blâmerais, dans les chefs comme dans les soldats,
une fougue intempestive qui, nous amenant en désordre
devant les positions à conquérir, nous ferait heurter de

---

(1) Voir p. 61 et suiv.

front et prématurément les obstacles et entraînerait le sacrifice des plus vaillants.

« Au contraire, en faisant concourir au même but le feu de l'artillerie et les mouvements tournants, on arrive quelques instants plus tard à triompher sûrement des obstacles, en épargnant un sang précieux..... (1). »

c) *Attaque de la colonne en marche.* — Chacun se défend pour son compte. Toutefois, l'échelon de combat, si le terrain le lui permet, vient en aide à la partie de la colonne attaquée, soit au moyen de son artillerie, soit en plaçant des éléments d'infanterie sur des positions d'où ils puissent exécuter des feux de flanc sur l'assaillant. La cavalerie charge si l'attaque se produit près d'elle et si le terrain est favorable.

En général, comme dans les expéditions de Kabylie, l'adversaire attaque beaucoup moins les têtes de colonne que l'arrière-garde. De même, pendant la guerre his-pano-marocaine (1859-60), si les Riffains menacèrent à plusieurs reprises les colonnes espagnoles en tête, ils ne manquèrent jamais l'occasion de serrer de très près les arrière-gardes toutes les fois que le gros des forces espagnoles se retirait dans les camps (première partie de la campagne). Il peut être utile de signaler le moyen qu'employaient, dans ce cas, les Espagnols, et qui leur a toujours réussi : de vigoureuses charges à la baïon-nette.

En pays marocain, il est fort probable que le commandant d'un corps expéditionnaire européen ne livre-rait bataille dans les montagnes qu'en cas d'absolue nécessité. Ainsi que le prouvent les guerres de 1844 et de 1859-60, avec un tel genre d'adversaire, il y a tout intérêt à imposer la bataille en plaine, tout au moins en

(1) Voir p. 49.

terrain découvert, où il s'est toujours montré assez gêné vis-à-vis de troupes européennes.

Néanmoins, dans le cas où l'ennemi vient à imposer la bataille en montagne, comme dans l'expédition de 1859, l'étude du combat d'Aïn Taforalt montre que l'échelon de combat doit manœuvrer, et qu'il faut surtout recourir à l'artillerie. C'est à cette dernière qu'il appartient d'ouvrir le passage et de repousser les attaques dès qu'elles apparaissent au loin. La cavalerie ne saurait être appelée à jouer une grand rôle en raison du terrain, mais il en est de même de la cavalerie adverse ; il y a donc compensation.

En résumé, dans un pareil combat, il faut autant que possible recourir à l'artillerie qui peut y jouer un rôle capital et qui, en tout cas, évite de grosses pertes à l'infanterie.

Dans le cas où l'artillerie ne pourrait être utilisée (1), en raison même des difficultés de son emploi (en particulier insuffisance de vues, terrains impraticables), il appartiendrait à l'infanterie de la remplacer. Il faudrait dès lors recourir, ainsi qu'on l'a fait maintes fois de 1892 à 1897, dans la haute région du Tonkin, à ces batteries de fusils 1886, qui permirent de remplacer en quelque sorte l'artillerie. Ces batteries, procédant par feux de salves, donnent les meilleurs résultats, en maintenant l'adversaire à distance et en facilitant par leur tir la marche des unités déployées se portant à l'attaque.

*
* *

Cas où l'on se trouverait en face d'un adversaire possédant de l'artillerie. — Il peut aussi arriver que l'on se

---

(1) Comme le fait se produisit en 1871, en Kabylie.

heurte à un adversaire qui mette en ligne, non seulement de l'infanterie et de la cavalerie, mais encore de
l'artillerie ; ce ne serait d'ailleurs pas la première
fois.

En 1844, à la bataille d'Isly, le maréchal Bugeaud
s'empara de onze pièces de canon; toutefois, il faut
reconnaître qu'elles ne jouèrent pas un très grand rôle
pendant l'action.

Il n'en fut pas de même en 1860, à la bataille de Tétuan
(4 février). Les Marocains avaient installé, au centre de
leurs positions, un certain nombre de pièces de gros
calibre (dont huit tombèrent au pouvoir des Espagnols),
qui obligèrent le général O'Donnel à faire entrer en
ligne une grande partie de son artillerie. Les troupes
espagnoles « étaient encore au moins à 2,500 mètres des
positions ennemies lorsque l'artillerie marocaine ouvrit
le feu. Les projectiles, vu la distance, n'atteignirent
même pas les premières lignes espagnoles. La marche
continua, mais à 1,700 mètres des positions ennemies, le
général, craignant que les projectiles de l'artillerie
marocaine ne causent des pertes sensibles dans les formations des deux corps d'armée, toutes en profondeur,
donna l'ordre à l'artillerie de réserve de se porter en
avant et d'ouvrir le feu sur les pièces ennemies.

« Cette artillerie fut précédée de guérillas (tirailleurs),
qui devaient constituer son soutien dans le cas où les
Marocains chercheraient à se jeter sur les pièces, ainsi
qu'ils l'avaient déjà fait au début de la campagne.

« Mais les projectiles de l'artillerie espagnole ne produisirent, eux non plus, aucun effet, et l'artillerie de
réserve reçut l'ordre de se porter en avant, par échelon.

« L'artillerie à cheval débôita à son tour et se porta à
la gauche de l'artillerie de réserve avec mission de battre
la droite ennemie.

« L'artillerie marocaine ne tarda pas à diminuer la

violence de son tir, qui, bientôt, parut presque complètement éteint.... (1) »

Au moment de l'attaque décisive, lorsque les troupes
se trouvèrent à 400 mètres au plus des tranchées ennemies, « malgré le feu violent dirigé par l'artillerie sur
les quelques pièces des Marocains, celles-ci, bien défilées derrière les parapets, n'avaient pu être démontées.

« Il est vrai que leur tir n'avait pas causé jusque-là
de grosses pertes dans les rangs espagnols.... (2) »

Ces extraits montrent, en somme, que si l'on se trouve
en présence d'un adversaire muni de bouches à feu, il y
a lieu de se conformer d'une façon générale aux principes admis dans la guerre européenne, et cela que l'on
opère en pays découvert ou en pays montagneux. Toutefois, étant donné qu'une troupe européenne a toujours
une grande supériorité sur des troupes africaines, au
point de vue du matériel et de l'instruction du personnel,
on doit chercher à en profiter pour éviter, dans la plus
large mesure possible, des pertes à l'infanterie.

En d'autres termes, conformément aux idées actuellement admises en France pour la guerre européenne,
il y a lieu, dans ce cas, avant de lancer l'infanterie à
l'attaque, d'essayer de réduire complètement au silence
l'artillerie adverse. Bien entendu, si ce « duel d'artillerie » ne donne pas, au bout d'un certain temps, le
résultat cherché, il faut comme toujours, pour obtenir
la décision, recourir à l'infanterie, et non pas, comme
l'ont fait les Anglais au Transvaal, se livrer pendant de
longues heures à une canonnade continue. Elle ne peut
avoir d'autres résultats que de conduire à une consommation effrayante de munitions, et surtout d'augmenter,

---

(1) Capitaine Mordacq, *loc. cit.*, p. 78-79.
(2) *Ibid.*, *loc. cit*, p. 81.

dans de notables proportions, la confiance de l'ennemi. Quoi qu'il en soit, l'éventualité de se trouver en face d'un adversaire pourvu de pièces de canon ne saurait être inquiétante, et cela en raison même des motifs indiqués ci-dessus. Il n'en est pas moins vrai que le cas s'étant déjà présenté, il est prudent tout au moins d'envisager la question.

Époque de l'année la plus favorable pour opérer au Maroc.

Quand il s'agit d'opérations militaires, il est assez difficile, en général, de choisir son moment, étant donné qu'elles sont presque toujours provoquées par des événements ou des circonstances dont on n'est que très rarement le maître. D'autre part, faire au Maroc une colonne longue et difficile en plein été, par exemple, peut conduire à un véritable désastre. On doit donc, surtout lorsque la colonne comprend un assez gros effectif, s'occuper tout particulièrement de cette question.

En 1844, le maréchal Bugeaud, mit sa colonne en marche en plein mois d'août et livra même la bataille d'Isly le 14 de ce mois, par une chaleur torride. Pour prendre le contact de l'armée marocaine, il n'eut à exécuter que deux ou trois marches; cependant, après la bataille, sa petite armée parut tellement exténuée qu'il ne put poursuivre et dut procéder à de très nombreuses évacuations.

On peut d'ailleurs poser en principe que, pendant tout le cours de l'été (juillet, août et septembre), les opérations d'une colonne comprenant un fort effectif sont presque impossibles dans le Nord de l'Afrique.

En 1859, le corps expéditionnaire constitué pour opérer contre les Beni Snassen se concentra fin septembre et dans les premiers jours d'octobre, époque pendant laquelle, en Algérie, la chaleur est encore très forte. Les ravages que le choléra y produisit furent considérables. Certes, la température ne fut peut-être pas la cause principale de l'épidémie, mais il n'est pas exagéré d'affirmer qu'elle contribua, en grande partie, à la propagation du fléau. Par contre, au mois de novembre, l'état sanitaire du corps expéditionnaire ne cessa d'être excellent.

Cette même année, les Espagnols voulant profiter des circonstances, ouvrirent en octobre les hostilités contre le sultan du Maroc. La campagne se prolongea jusqu'en février, c'est-à-dire en pleine période des pluies (décembre et janvier). Le choléra décima également le corps expéditionnaire.

Dans une lettre, adressée le 3 juillet 1844 au prince de Joinville, le maréchal Bugeaud estime que l'époque la plus favorable pour marcher sur Fez serait les premiers jours de mai, et il ajoute qu'il ne faudrait pas attendre cette époque pour en rapprocher la base d'opérations.

D'autre part, le général de Wimpffen, en revenant le 24 mai 1870 de son expédition contre les Beni Guil, écrivait au gouverneur général de l'Algérie :

« La saison qui paraît la plus favorable pour opérer dans cette région (Maroc, haut plateaux) c'est de mars à mai ; la température est alors habituellement fraîche et parfois même basse, en raison de ce que l'on marche sur des plateaux ayant 1,200 à 1,300 mètres d'altitude (1). »

Ainsi, qu'il s'agisse de la plaine ou de la montagne, l'opinion des généraux ayant dirigé des opérations au Maroc est unanime : mars à mai. D'ailleurs, il est encore une autre considération qui milite en faveur de cette époque et qui semble n'être pas étrangère aux

----

(1) Archives historiques de la Guerre.

indications données par les généraux précités : c'est la question de la récolte. Dans toute l'Afrique du Nord on fait une première récolte d'orge dès le mois d'avril. Plaines et montagnes se couvrent alors d'une végétation superbe et fournissent en légumes et fourrages des ressources précieuses pour une colonne.

Il ressort en définitive de ces différentes considérations que si l'on peut choisir le moment pour opérer dans le Nord de l'Afrique, on ne saurait hésiter: ce sont les mois de mars, avril et mai qui présentent de beaucoup, à ce point de vue, le plus d'avantages. La période qui s'étend du 15 octobre à décembre est également assez favorable, mais elle est relativement courte, et d'autre part les pluies commencent dès la fin de novembre.

Les moyens de transport en pays marocain.

Bien que l'étude des moyens de transport ne rentre pas absolument dans le domaine de la tactique, nous n'hésitons pas néanmoins, en raison de l'importance toute particulière qu'ils présentent, à leur consacrer quelques pages.

Dans une expédition coloniale tout dépend de la préparation. L'expédition elle-même, au point de vue militaire, n'est souvent presque rien si la préparation a été faite pratiquement et minutieusement. Or, les moyens de transport jouent, dans cette préparation même, un rôle si considérable que l'on ne saurait trop insister sur leur étude. C'est ce qui nous a conduit à écrire ce chapitre, basé presque entièrement d'ailleurs sur les enseignements fournis à ce point de vue par l'expédition de 1859.

Avant d'examiner les différents moyens de transport qui peuvent être utilisés en pays marocain, nous croyons nécessaire de les diviser, dès maintenant, en trois catégories bien distinctes :

a) Ceux destinés aux troupes proprement dites (trains régimentaires et trains de combat);

b) Ceux destinés aux convois administratifs marchant à la suite des colonnes ;

c) Ceux destinés aux convois de ravitaillement.

a) *Trains régimentaires et trains de combat*. — Pour ceux-ci, il est indispensable de recourir aux mulets du train ou de réquisition. Il est en effet de toute nécessité qu'à l'arrivée au camp, les bagages puissent parvenir facilement à chaque unité. Or, dans un camp qui s'installe, les voitures ou les chameaux, ne pouvant circuler sans encombrer, produiraient le plus grand désordre.

Peut-être, en ce qui concerne les trains de combat (munitions et ambulances), serait-il possible de recourir à l'araba (1)? Personnellement, et, cela pour la même raison qui vient d'être indiquée, nous n'en sommes pas très partisan, d'autant plus que dans la situation actuelle, ainsi que nous le verrons un peu plus loin, il serait presque impossible de réunir un nombre suffisant d'arabas, modèle de voitures relativement encore peu employé dans le Nord de l'Afrique.

b) *Convois administratifs*. — En ce qui concerne les moyens de ransport à adopter pour les convois administratifs, ils ont à répondre à la condition primordiale de pouvoir suivre les colonnes partout, et cela aussi bien en pays de montagne que dans les régions de plaine.

---

(1) L'araba est une voiture des plus rudimentaires, en réalité une simple plate-forme reposant sur des roues assez hautes et munie de chaque côté de forts piquets servant à retenir le matériel qui y est chargé.

On est donc conduit à rejeter, *a priori*, ainsi qu'on l'a fait en 1859, les voitures de modèle européen.

Le mulet présente sur le chameau l'avantage de porter à peu près la même charge, d'être un animal de transport beaucoup plus sûr, beaucoup plus facilement maniable, enfin d'avoir une vitesse de marche bien supérieure; il suit le fantassin. Avec le mulet, peu ou point d'avaries ou de déchets. On est à peu près certain de voir arriver la charge en bon état. Malheureusement le mulet mange de l'orge, alors que le chameau broute le long du chemin. Or, cette orge il faut la transporter, ce qui constitue un poids mort considérable et d'autant plus considérable que les étapes sont plus longues.

Quant au chameau, autant on peut le préconiser pour les transports le long de la ligne d'étapes, où les inconvénients qu'il présente peuvent devenir insignifiants, autant il est désavantageux pour les colonnes expéditionnaires proprement dites. Cela d'abord, en raison des inconvénients qu'il offre et que nous avons signalés ci-dessus, ensuite à cause de la lenteur de marche qu'il impose au convoi.

Enfin, l'araba présente l'avantage sur les voitures ordinaires d'être beaucoup moins chère (elle revient à 200 francs environ) et de pouvoir passer à peu près partout, même sur de simples pistes, à condition seulement que celles-ci soient d'une largeur égale à celle de l'écartement des roues.

Employée pour la première fois lors de l'expédition de Tunisie, elle a été depuis adoptée, pour certains transports du train, successivement dans les provinces de Constantine, d'Alger et enfin d'Oran. Elle a même rendu des services appréciables récemment dans le Sud-Oranais.

On a beaucoup discuté sur le rendement des arabas, sur le nombre de mulets à y atteler pour transporter dans de bonnes conditions la charge maxima. Actuellement, on semble s'être mis d'accord pour reconnaître qu'il y a tout intérêt à n'atteler qu'un mulet à l'araba et à ne la charger qu'à raison de 400 kilogrammes.

Ainsi l'emploi de l'araba présente sur celui du mulet l'avantage de transporter, toutes choses égales d'ailleurs, une charge quatre fois plus grande.

D'autre part, il faut donner un conducteur à chaque voiture, alors que les mulets n'exigent qu'un conducteur pour deux. Toutefois, cette augmentation de personnel n'est qu'apparente et ne saurait d'ailleurs présenter un gros inconvénient, étant donné le poids relativement faible de la ration de vivres nécessaire à un homme (environ deux kilogrammes par jour).

En résumé, en tant que moyens de transport pour les convois administratifs destinés à suivre les colonnes, les deux seuls éléments vraiment pratiques sont : le mulet et l'araba, cette dernière présentant toutefois l'inconvénient capital de ne pouvoir être trouvée en quantité suffisante.

Donc, là encore, comme pour les trains régimentaires et de combat, il est prudent de recourir au mulet.

c) *Convois de ravitaillement.* — En ce qui concerne les moyens de transport destinés aux convois de ravitaillement et principalement à la constitution des approvisionnements de la base d'opérations, on doit utiliser tout ce que l'on a sous la main, tout ce qu'il est possible de se procurer : ânes, mulets, chameaux, arabas, voitures du train, charrettes et mêmes des automobiles, une fois la route connue et quelque peu arrangée.

Nous n'insisterons pas sur l'emploi du mulet, du chameau et de l'araba dont nous venons de parler ci-dessus, ni des voitures du train, matériel suffisamment connu.

Peut-être s'étonnera-t-on de la possibilité d'utiliser l'âne dont le rendement peut paraître insignifiant. Cependant c'est là un moyen de transport qu'il ne faut pas négliger. Le bourricot africain, malgré sa petite taille, porte des charges considérables ; il consomme comme nourriture ce qu'il peut trouver le long de sa route ; enfin, très employé par les Arabes et les Kabyles, il fournirait, tout au moins dans les débuts, une ressource qu'il y a tout intérêt à utiliser. Ainsi, en 1859, une grande partie des approvisionnements de la base d'opérations, représentée par la redoute du Kiss, furent transportés par 3,400 ânes réquisitionnés dans la région (1).

Il semble qu'il y ait d'autant moins lieu de ne pas négliger ce moyen de transport que les mulets ne peuvent pas toujours être réunis très facilement, et de plus doivent être réservés pour les colonnes expéditionnaires, dont les besoins, à ce point de vue, sont forcément considérables.

Enfin, on trouve en Espagne et dans la province d'Oran un genre de voitures, les charrettes espagnoles, qui pourraient rendre également de grands services, en raison du poids relativement élevé qu'elles transportent. Elles sont établies sur deux roues, à rayons très développés, soutenant une plate-forme très longue et traînées par cinq ou six mulets ou mules espagnoles attelés en flèche. Très employées dans le Tell et sur les hauts plateaux, où elles passent à peu près partout, elles arrivent à porter jusqu'à 30 quintaux ; on voit donc que le rendement est des plus avantageux.

Toutefois, il ne faudrait pas songer à les utiliser dans des régions offrant un terrain peu consistant ou même sablonneux. Sur un sol pareil, les roues, en raison même du poids considérable qu'elles supportent, s'enfoncent jusqu'au moyeu ; il devient dès lors presque impossible de les en tirer.

---

(1) Voir p. 34.

CHAPITRE VI

La question de la frontière.

Cette question de frontière entre les deux pays : Algérie et Maroc, fut envisagée en 1859. A cette époque, on se demanda si le Kiss et les montagnes qui le bordent devaient continuer à servir de limites, ou bien si, au contraire, profitant de l'expédition, il n'y aurait pas intérêt à reculer notre frontière jusqu'à la Moulouya (1). La question fut très nettement posée le 17 octobre 1859, dans une lettre que le Ministre de la guerre adressa au général de Martimprey.

Le maréchal Randon prescrivait au commandant en chef du corps expéditionnaire de profiter de sa présence dans l'Ouest algérien pour chercher à se rendre compte s'il ne serait pas avantageux pour la France, au point de vue militaire, d'étendre ses possessions « jusque sur les rives de la Moulouya (2) » et, en particulier, si cette rivière ne constituerait pas une meilleure ligne de défense contre les incursions des tribus marocaines que la chaîne de montagnes qui couvre la route frontière Nemours—Nedroma—Maghnia. Cette chaîne, évidemment, est assez

---

(1) Il est nécessaire de faire remarquer que, de tout temps, cette rivière avait servi de frontière. Aux époques les plus reculées, elle séparait la Mauritanie tingitane de la Mauritanie césarienne. Au commencement du XIX⁰ siècle, c'était encore elle qui servait de limite entre l'empire du Maghreb et les provinces algériennes vassales de la Turquie.

(2) Le Ministre de la Guerre au général de Martimprey, Paris, 17 octobre (A. H. G.).

épaisse, mais elle est percée d'un grand nombre de défilés, notamment entre la plaine des Trifa et celle des
M'Sidra. En somme, elle est assez facilement pénétrable
et ne constitue pas un obstacle proprement dit.

Dans sa réponse du 1er novembre, le général de Martimprey rejeta toute idée d'agrandissement territorial.
Il fit remarquer, avec raison, que la Moulouya est une
rivière peu large, presque un ruisseau dans une assez
grande partie de son cours, souvent même sans eau,
pouvant donc être facilement traversée par les populations nomades qui vivent dans les régions voisines.

L'idée de vouloir faire de la Moulouya une limite
naturelle paraît d'ailleurs d'autant plus extraordinaire
qu'elle venait du maréchal Randon, qui avait passé une
partie de sa carrière en Algérie. Il ne devait pas ignorer
que la conception d'une frontière naturelle varie complètement suivant les pays. En Europe, deux peuples
voisins peuvent se proposer comme frontière un fleuve,
le Rhin par exemple, qui constitue un obstacle et coule
de plus au milieu de régions habitées par des populations
sédentaires. Mais, pourquoi vouloir prendre comme frontière un oued du Nord de l'Afrique, tel que la Moulouya,
dont les rives sont presque uniquement parcourues par
des tribus nomades? La réponse négative du général de
Martimprey s'imposait donc.

Il n'en est pas moins vrai que l'on pouvait parfaitement adopter la Moulouya comme limite convention-
nelle. Mais, le général de Martimprey n'en voyait pas non
plus la nécessité. A son avis, avec l'ascendant que la
dernière campagne nous assurait pour longtemps, le
voisinage des Beni Snassen, conservant leur nationalité
marocaine, était préférable aux luttes qu'il eût fallu
engager pour les incorporer dans nos possessions.

Sur ce dernier point, il a eu peut-être la vue un peu
courte. On venait de faire un gros effort, une véritable
expédition. Sans doute, la leçon infligée aux Beni Snas-

sen, aux Angad et autres tribus marocaines serait salutaire; pendant plusieurs années, vraisemblablement, ils
respecteraient notre frontière, mais les années passe-
raient, apportant avec elles leur conséquence habituelle :
l'oubli. La France aurait donc fait là un effort qui ne
donnerait pas le rendement que les pertes en hommes,
les sacrifices en argent, semblaient indiquer. Puisque
l'on avait réussi à pénétrer chez les Beni Snassen, au
cœur de ces montagnes qui avaient toujours été consi-
dérées jusque-là comme inviolées et inviolables, pourquoi ne pas y rester? Pourquoi ne pas les occuper?
Les luttes à engager pour assurer la pacification complète du pays n'auraient pas été terribles : n'était-on pas
à pied-d'œuvre ?

Le général de Martimprey, toujours dans la même
lettre (1er novembre), ajoutait encore : « enfin la plaine
des Angad qui sépare les Beni Snassen des Beni Bou
Saïd, population algérienne qui nous est dévouée, est,
en raison de son peu de largeur, d'une surveillance
facile ».

Ce n'est pas ce qu'ont prouvé les événements. Le massif des Beni Snassen, occupé par nos troupes, aurait
constitué une sorte de bastion, d'où la surveillance aurait
été d'autant plus facile qu'il commandait les deux
plaines du Nord et du Sud.

Enfin, au point de vue politique, le moment semblait
particulièrement favorable. En Europe, nous venions
d'être victorieux; le prestige acquis à Magenta et à Solférino nous permettait de parler haut; d'ailleurs, la question marocaine n'avait encore revêtu aucun caractère
d'acuité.

L'Angleterre surveillait l'Espagne qui venait de déclarer la guerre au sultan du Maroc; ce qui lui importait
surtout c'était Tanger. Au point de vue diplomatique,
elle ne pouvait d'ailleurs empêcher la France de s'ins-

taller provisoirement chez les Beni Snassen, qui l'avaient en quelque sorte défiée.

Quant à l'empire du Maghreb lui-même, il était plongé dans la plus grande agitation. Malgré les promesses de l'Angleterre, qui s'était presque engagée à empêcher le débarquement d'un corps expéditionnaire espagnol sur les côtes marocaines, les troupes de la reine Isabelle affluaient autour de Ceuta et commençaient les opérations contre les Riffains. Le sultan se voyait bientôt obligé de diriger une armée contre l'ennemi héréditaire, contre l'Infidèle. A l'intérieur, les affaires n'allaient pas mieux ; un prétendant, Muley Sliman, prêchait la révolte contre l'empereur. Enfin, des dissentiments profonds venaient d'éclater au sein même du Maghzen parmi les conseillers de Muley Mohammed.

Un peu plus tard même, vers le mois de mars 1860, la situation parut si tendue que le bruit courut en Algérie du prochain départ de Muley Mohammed pour un port du littoral, à l'effet de s'y réfugier. Sur la frontière algérienne, à Oudjda, le caïd marocain qui y commandait au nom de l'empereur, manifesta plusieurs fois l'intention de quitter sa résidence. La situation, les circonstances étaient éminemment favorables pour étendre notre domination vers l'Ouest.

Le général de Martimprey s'en rendit parfaitement compte et envoya au général Deligny, commandant la division d'Oran les instructions suivantes :

« Sans faire de démonstrations ostensibles ni rien ébruiter de vos projets, mettez-vous en mesure d'occuper la kasbah d'Oudjda, cela dès que le caïd marocain viendrait à l'abandonner avec son maghzen. Vous proclameriez alors que nous gardons cette forteresse au nom du gouvernement marocain. Nous n'aurions, d'ailleurs, aucun acte de souveraineté à exercer vis-à-vis des tribus circonvoisines, si ce n'est pour maintenir la tranquillité du pays frontière et sauvegarder la vie et les biens des habitants hadars et israélites de la ville d'Oudjda (1). »

En cette circonstance le général de Martimprey était un véritable précurseur ; c'était le commencement de la méthode que nous avons mis vingt-cinq ans à acquérir dans nos expéditions asiatiques et africaines. Les faits ayant prouvé que le sultan du Maghreb était incapable d'empêcher les tribus marocaines de violer notre frontière et de faire des incursions sur notre propre territoire, nous aurions dû faire une expédition en son lieu et place. Il eût donc été de bonne politique, de politique prévoyante, d'occuper, au nom du gouvernement marocain, comme le disait très bien le général de Martimprey, les territoires que nos troupes victorieuses venaient de parcourir. Cette occupation, au point de vue diplomatique, eut été bien entendu provisoire.

Installés chez les Beni Snassen et à Oudjda, nous tenions tout le bled jusqu'à la Moulouya. C'était déjà un grand pas ; nous pouvions nous en contenter pour quelques années. Ces années, nous les aurions d'ailleurs mises à profit pour étendre notre influence dans la région conquise entre la Moulouya et les montagnes de Taza.

Taza est à trois étapes seulement de Fez. Il fut une époque où l'on ne pouvait ouvrir un ouvrage militaire sans y trouver de longues dissertations sur les positions et les clefs de positions, aussi aujourd'hui n'ose-t-on plus en parler. Cependant cette expression ne mérite pas un pareil ostracisme. Il est certain cas, par exemple dans les régions pauvres en voies de communication, où elle exprime très justement l'idée qu'elle représente. Taza, par exemple, est la véritable clef de l'empire du

---

(1) Le général de Martimprey au général Deligny, Alger, 18 mars 1860 (A. H. G.).

Maghreb, et cela est si vrai que toutes les grandes inva-
sions, au Maroc, ont passé par là ; que de nos jours
encore c'est toujours le point dont cherchent à se rendre
maîtres les nombreux prétendants au trône du Maroc.

Quoi qu'il en soit, et pour en revenir au projet d'occupation d'Oudjda par le général de Martimprey, tout en
envoyant ses instructions au général commandant la
division d'Oran, il rendait compte, en même temps, au
Ministre de la guerre, de ses intentions ainsi que des
motifs qui les avaient provoquées.

Le 27 mars, le Ministre de la guerre répondit au
général de Martimprey qu'il ne partageait pas du tout
ses idées au point de vue de l'occupation d'Oudjda, et
que si même les projets du commandant supérieur de
l'Algérie avaient été suivis d'exécution, il y avait lieu de
revenir immédiatement sur cette décision, et de faire
rentrer les troupes. Le Ministre ajoutait que l'occupation
de cette ville, à un titre quelconque, sous le commandement bien établi de la France, constituerait une usurpa-
tion de territoire qui ne pourrait, en aucune manière,
se justifier aux yeux de l'Europe et entraînerait le Gouvernement dans des explications qu'il aurait de la peine
à rendre péremptoires.

On ne saurait trop répéter, encore une fois, que le
Gouvernement impérial, au point de vue politique, faisait ainsi preuve de bien peu de prévoyance.

Le général de Martimprey, en présence de ces recommandations, prescrivit au général commandant la division d'Oran de considérer ses instructions primitives
comme nulles et non avenues.

CHAPITRE VII

Le choléra.

Cette expédition de 1859 est intéressante, surtout par les nombreux enseignements qu'elle fournit en ce qui concerne la guerre en pays marocain. Il n'en est pas moins vrai qu'au point de vue de l'Histoire, elle a plutôt laissé un souvenir pénible, et cela en raison de cette violente épidémie de choléra qui décima le corps expéditionnaire.

Le général de Martimprey lui-même, dans son ordre général n° 50 du 10 novembre (1), évalue le nombre des victimes de cette épidémie au cinquième de l'effectif. Un tableau annexé au « *Journal* des marches et opérations sur la frontière du Maroc (2) » donne, comme nombre des décès dus au choléra, du 13 octobre au 10 novembre, le chiffre de 2,393. On comprend dès lors « le triste souvenir » qu'a laissé cette expédition et les raisons qui ont fait hésiter jusqu'ici à en entreprendre l'étude.

Quoi qu'il en soit, et pour nous conformer au plan général de cet ouvrage, à l'idée directrice, qui est de toujours chercher à tirer des enseignements des faits du passé, nous allons essayer de faire ressortir les causes déterminantes de l'épidémie.

D'ailleurs cette question préoccupa tout particulière-

---

(1) Voir p. 86 et aux Documents annexes, p. 19.
(2) Ce tableau est reproduit aux Documents annexes, p. 19.

ment le Ministre de la guerre, le maréchal Randon. Le
6 novembre 1859, il écrivit au général de Martimprey :
« L'invasion du choléra dans votre colonne est encore
une énigme pour nous ; nous ne savons pas où il vous
est venu, comment il s'est étendu (1). » Et à la fin de sa
lettre, il prescrivait de lui envoyer un rapport à ce sujet.

Le général de Martimprey chargea le général Esterhazy, commandant la division d'Oran, de diriger l'enquête
prescrite par le Ministre ; toutefois, dès le 15 novembre,
il faisait connaître à ce dernier son opinion personnelle :

« Vous me demandez l'explication de l'énigme de
notre choléra. Je l'ai trouvé à Oran, installé déjà depuis
quelques jours dans l'hôpital civil. Il en est parti pour
suivre à la piste nos colonnes venant d'Alger, en s'arrê-
tant d'abord à Aïn Temouchent, puis à Maghnia, où il
semblait que j'arrivais en même temps que lui. De là,
il s'est jeté sur Ras Mouïlah, où l'on a *occupé trop
longtemps le même camp*, et où se trouvaient, comme au
Kiss, qu'il a envahi deux jours après, des soldats des 3ᵉ
et 9ᵉ de ligne qui, envoyés dans l'Adriatique, sont restés
entassés sur des navires un temps infini, dans les plus
déplorables conditions d'existence. Ces régiments frappés, les autres corps n'ont pas tardé à l'être dans des
proportions que je ne puis exactement définir, mais qui,
j'en suis sûr, sont en accord parfait avec le nombre
relatif des hommes faibles et fatigués précédemment. Je
puis dire, qu'à de très rares exceptions près, tous les
officiers atteints étaient à l'avance minés par la dysen-
terie. Il faut faire aussi la part de la faiblesse morale, de
même que j'ai vu des hommes résister par leur énergie.
Du reste, le fléau a été violent et très violent, mais il ne
pouvait ainsi durer. L'expérience prouve que le choléra

---

(1) Le Ministre de la guerre au général de Martimprey, Paris,
6 novembre (A. H. G.).

se borne heureusement à n'atteindre au plus que le cinquième ou le sixième des effectifs. Quand nous nous sommes élevés sur les plateaux d'Aïn Taforalt, il nous a à peu près quitté (1). »

L'enquête faite par le général Esterhazy dura environ un mois. Le 24 décembre, ce dernier en donnait le résultat : Les médecins « présentent parmi les causes qui, selon eux, ont déterminé l'invasion du fléau, la malpropreté des camps et l'immobilité prolongée des troupes stationnées dans les camps (2) ».

Ces conclusions paraissent quelque peu sommaires.

Aucun document contemporain n'ayant pu nous fixer nettement à ce sujet, nous nous sommes adressé à MM. les généraux Derrécagaix et Vincendon, qui prirent une part glorieuse à cette campagne, le premier comme officier d'ordonnance du général Yusuf, le second comme capitaine commandant la compagnie de zouaves qui enleva le col de Taforalt.

Ces deux officiers généraux partagent l'avis des médecins ; ils font toutefois remarquer qu'une partie des troupes du corps expéditionnaire venait de faire la campagne d'Italie, qui fut des plus pénibles par suite de la saison même où elle avait eu lieu, en plein été. Ces troupes, sans avoir eu le temps de prendre le moindre repos, avaient été dirigées sur la province d'Oran, et présentaient dès lors, aux attaques d'une épidémie, des éléments « pour ainsi dire tout préparés ». Enfin, à cette époque, on ne prenait malheureusement pas, en ce qui concerne particulièrement la boisson habituelle du soldat, l'eau, les précautions reconnues indispensables. Or, il est indiscutable que l'eau,

---

(1) Le général de Martimprey au Ministre de la guerre, Oran, 15 novembre (A. H. G.).

(2) Le général Esterhazy au général Deligny, Alger, 24 décembre (A. H. G.).

recueillie à proximité de ces camps signalés par les médecins pour leur malpropreté, ne devait pas être des plus salubres. M. le général Derrécagaix se rappelle fort bien, d'ailleurs, que les officiers qui, à ce moment, prirent la précaution de boire du thé léger au lieu d'eau, furent presque tous indemnes du choléra.

D'autre part, il est certain que l'immobilité prolongée des troupes dans les camps contribua puissamment au développement de l'épidémie ; le tableau reproduit aux Documents annexes en offre une preuve irrécusable. A partir du 28 octobre, et même dès le 26, c'est-à-dire dès que le corps expéditionnaire se mit en mouvement, le nombre des décès diminua dans des proportions extraordinaires. C'est là d'ailleurs un fait maintes fois observé dans les grosses agglomérations de troupes atteintes par une épidémie.

Mais il est encore une cause qui dut influer sur le développement du choléra : ce sont les gros remuements de terre, conséquence d'un emploi exagéré de la fortification.

Les redoutes du Kiss, de Berkane, pour ne citer que les principales, furent construites dans toutes les règles de l'art, et l'on était en 1859, c'est-à-dire quelques années après la guerre de Crimée, époque qui marque le triomphe, l'apogée de la fortification. Comme le montrent les croquis (1), la sûreté de ces redoutes fut non seulement assurée par de larges fossés, mais encore par des murs en maçonnerie construits tout le long de ces fossés. Il est permis de trouver qu'il y a eu là exagération de la part du service du génie, étant donné que l'on avait affaire à des adversaires, les Kabyles, qui n'avaient pas la réputation de se servir d'artillerie.

Quoi qu'il en soit, le tableau indiquant les pertes

---

(1) Voir ces croquis à la fin de l'ouvrage.

dues au choléra est, à ce point de vue, d'une triste éloquence ; il montre que pendant tout le temps que durèrent les travaux de fortification, la mortalité fut considérable.

Le même fait fut constaté quelques mois plus tard dans les camps espagnols, lors de la guerre hispano-marocaine (1859-1860), et récemment dans nos expéditions coloniales, en particulier à Madagascar et au Tonkin.

En résumé, en ce qui concerne la cause originelle du choléra, il semble qu'il y ait lieu de s'en rapporter à l'opinion des médecins et de l'attribuer à la malpropreté des camps ; mais il est certain, d'autre part, que l'abus des travaux de fortification, l'immobilité prolongée et énervante des troupes stationnées dans ces camps, enfin le manque de personnel sanitaire (1) contribuèrent, très largement, au développement foudroyant de l'épidémie, qui trouva d'ailleurs, dans une partie des troupes, épuisées par les fatigues de la guerre d'Italie, un terrain tout préparé.

---

(1) « Les remèdes manquaient. Les approvisionnements du service de santé avaient été formés à Gênes avec ceux qui restaient de la campagne d'Italie et confiés à des bateaux à voiles. Des vents contraires les avaient retardés et ils n'étaient pas encore arrivés quand le choléra éclata avec une violence inouïe Le nombre des médecins et des infirmiers était insuffisant » (Général Derrécagaix, *loc. cit.*, p. 89-90).

CHAPITRE VIII

Conclusions.

Il reste maintenant à examiner quels sont les enseignements et les conclusions générales que l'on peut tirer de l'étude de détail qui vient d'être faite de cette expédition de 1859.

Un premier point qui ressort nettement, et dès les premières pages, c'est qu'avec les populations marocaines (Berbères ou Arabes) il faut, à la première agression, ne pas se contenter de parer, mais riposter immédiatement, rendre coup pour coup, et entrer, ensuite seulement, en négociations.

Ces tribus, ainsi que le rappelle très bien le général de Martimprey dans son ordre général daté du 6 octobre 1859 (1), ne reconnaissent que l'ascendant de la force ; tout retard dans le châtiment est donc considéré par elles comme une preuve de faiblesse. Tant que l'on n'a pu leur prouver matériellement, effectivement, que l'on est le plus fort, les négociations doivent suivre le combat, et non le précéder. Surtout il serait imprudent parfois, avec les Marocains, de se fier aux belles promesses. Dans la période qui précéda l'ouverture des hostilités, Bou Beker, le cheikh des Mahia, vint à Maghnia trouver le commandant de la division d'Oran, protestant de ses intentions pacifiques, promettant de payer une indemnité pour l'affaire de Sidi Zaher, d'évacuer le territoire

---

(1) Voir p. 48-49.

algérien, etc., et pendant ce temps, ainsi qu'on l'apprit plus tard, il faisait connaître à El-Hadj-Mimoun que l'on pouvait absolument compter sur les Mahia pour la Djehad (guerre sainte) contre les Roumis. C'est également à cette même époque que le caïd d'Oudjda renvoyait un certain nombre de mulets qui avaient été volés sur la route de Ghar Rouban, et dans une lettre adressée au commandant supérieur de Maghnia, manifestait hautement, lui aussi, son désir de vivre en paix avec ses voisins de l'Est ; le même jour, il assistait à une réunion des chefs marocains présidée par Mohammed–ben-Abdallah, où l'on décidait définitivement d'envahir la province d'Oran !

Il ne faudrait cependant pas considérer cette façon de procéder comme de la mauvaise foi. Les Marocains ou les Arabes ont, à ce point de vue, une mentalité spéciale. Pour eux, comme en général pour toutes les populations restées encore un peu primitives, tous les moyens sont bons contre un ennemi ; les procédés les plus déloyaux sont simplement considérés comme des « ruses de guerre ». Par contre, une fois que l'amitié est scellée, et cela sur des bases sérieuses et une sympathie réciproque, l'on peut compter absolument sur eux. Notre histoire algérienne en fournit de nombreux exemples, dont le plus beau, le plus touchant, est certainement celui offert par le fameux Mokhrani, mort récemment en Algérie, après de longues années d'exil.

Si nous examinons maintenant la préparation proprement dite de l'expédition, il faut reconnaître qu'elle fut très rapidement menée. Le général de Martimprey, débarqué à Alger le 21 septembre, consacra la fin du mois à se rendre compte exactement de la situation, et dès les premiers jours d'octobre, il envoya ses premiers ordres ; les colonnes se mirent en marche le 21.

Trois semaines avaient donc suffi pour concentrer une

colonne de 15,000 hommes et lui constituer un approvisionnement de vingt jours de vivres. Ce fut un très beau résultat qui est tout à l'honneur du général de Martimprey. Encore, y a-t-il lieu de remarquer que la cavalerie prise, en grande partie, dans la province d'Alger, devait être transportée par mer, et qu'au dernier moment elle dut rejoindre par voie de terre, ce qui causa un gros retard à la mise en marche de la colonne expéditionnaire (1).

Nous avons déjà signalé, dans le cours de cette étude, le nombre très exagéré d'escadrons de cavalerie qui furent appelés à prendre part à l'expédition ; nous n'insisterons pas davantage. Nous tenons à rappeler, par contre, les services de premier ordre que rendirent les goumiers, et par conséquent l'intérêt qu'a le commandement, dans une expédition de ce genre, à en mobiliser un très grand nombre.

D'autre part, le général de Martimprey s'aperçut, dès le commencement de l'expédition, de l'insuffisance de ses ressources en personnel du service de santé, et cela même avant que l'épidémie de choléra ne sévît dans toute son intensité. A la date du 20 octobre, il écrivait au maréchal Randon : « Mes moyens hospitaliers sont partout largement préparés, mais le personnel de santé et d'administration fait défaut (2). » On voit donc que dans la préparation de toute expédition coloniale, on ne saurait se montrer trop large dans les prévisions concernant ce personnel.

Le service de l'intendance eut la lourde charge de

---

(1) « Je continue à regretter de ne pas disposer de deux grands transports pour chevaux. Cela me retarde de cinq à six jours pour l'entrée en campagne » (Le général de Martimprey au Ministre de la guerre, camp du Kiss, 19 octobre) (A. H. G.).

(2) Le général de Martimprey au Ministre de la guerre, camp du Kiss, 20 octobre (A. H. G.).

réunir, à la redoute du Kiss, un approvisionnement de
vingt-cinq jours de vivres et quinze jours d'orge pour un
effectif de 20,000 hommes et 5,000 chevaux.

Pour arriver à ce but, il lui fut accordé une vingtaine
de jours ; ce délai était relativement court, vu que, depuis
un mois, il avait fallu assurer le ravitaillement des nombreux camps organisés sur la frontière ; sous ce rapport,
la province d'Oran était à peu près épuisée.

Il est évident que si le service de l'intendance, pour
réunir ces approvisionnements, n'avait employé que les
moyens strictement réglementaires, il n'y serait certainement pas arrivé ; mais le général de Martimprey lui
donna « carte blanche », et grâce aux achats faits à
l'étranger, grâce aussi aux moyens de transport « de for-
tune » qui furent improvisés, les approvisionnements se
trouvèrent prêts en temps voulu.

Il y a là une véritable « leçon des choses » qui montre,
une fois de plus, que lorsque le commandement veut
obtenir des Services un rendement efficace, il est nécessaire qu'il leur laisse l'initiative la plus large, qu'il pros-
crive absolument tout formalisme, surtout lorsqu'il s'agit
d'une expédition coloniale.

En ce qui concerne les opérations proprement dites,
il faut reconnaître qu'elles furent menées avec beaucoup de méthode, et donnèrent bien les résultats que le
Gouvernement impérial désirait obtenir. Cependant,
l'impression générale de tous les officiers qui ont pris
part à cette expédition, et qui vivent encore, est à peu
près unanime : ils trouvent qu'elle a été conduite avec
trop de prudence, et partant beaucoup trop de lenteur.

Au début, les longs séjours dans les camps de la frontière, si fatals puisqu'ils furent cause, en grande partie,
de l'apparition du choléra, s'imposaient en quelque sorte.
Il fallait bien un certain temps pour concentrer les
troupes, réunir les approvisionnements, et nous avons

vu que le temps qu'on y consacra ne fut pas exagéré.
Puis il y eut le retard causé par la cavalerie, par suite
du manque de moyens de transport par mer. En tout
cas, ce fut là une série de contretemps, dont, en toute
justice, on ne saurait rendre responsable le général de
Martimprey.

Mais il n'en est pas moins vrai qu'une fois la marche
en avant commencée, on ne voit pas très bien la nécessité
pour le corps expéditionnaire de s'arrêter quatre jours
à Berkane. Sans doute, ces quatre jours furent employés
à la construction d'une redoute-modèle avec parapets en
pierre, fossés, blockhaus pour flanquer ces fossés, etc.,
quoiqu'une si belle œuvre d'ingénieurs ne fut pas absolument indispensable vis-à-vis des Marocains. Mais, à cette
époque, cet engouement sévissait dans toutes les armées
européennes ; il n'y a donc pas lieu d'insister de nouveau.

Plus tard, après la prise d'Aïn Taforalt, on comprend
que le général de Martimprey restât trois ou quatre
jours sur la position, pour bien marquer la prise de
possession et avoir le temps. de recevoir la soumission
des Beni Snassen. Ce fut d'ailleurs chose faite le
30 octobre ; mais on ne s'explique plus dès lors le séjour
du corps expéditionnaire depuis cette date jusqu'au
4 novembre, et cela d'autant mieux que, pour la deuxième
partie de l'expédition, pour le châtiment des Angad,
Mahia, etc., il y avait tout intérêt à aller vite, afin qu'ils
n'eussent pas le temps de s'enfuir vers le Sud.

Il est donc incontestable, aussi bien pour les officiers
qui ont pris part à cette expédition que pour ceux qui
depuis l'ont étudiée dans les documents de l'époque, que
ces temporisations du général de Martimprey s'expliquent difficilement.

Quelquefois, on a également reproché au général de
Martimprey d'avoir un peu abusé, au cours de ces opérations, des ordres généraux, dont un certain nombre,

en effet, par leur emphase et leur longueur, prêtent quelque peu à la critique. Il est certain que Napoléon Ier, après ses victoires, n'a certes pas dit avec moins de pompe à ses vieux soldats qu'ils étaient des héros. Mais, si l'on réfléchit tant soit peu à l'état d'âme de ce corps expéditionnaire qui, sans avoir combattu, était déjà décimé par la maladie, on comprend très bien que son commandant en chef ait tenu à faire appel constamment à la force morale, qu'il ait un peu encensé les troupes, qu'il ait dépassé la mesure. Pour être juge impartial dans une telle question, il eût fallu se trouver sur les lieux mêmes, au milieu des circonstances qui ont provoqué ces éloges.

Au point de vue de la conduite d'une colonne présentant un gros effectif, cette expédition nous a laissé des enseignements tactiques très intéressants. Nous y avons vu, en particulier, qu'en ce qui concerne cette évolution dans la tactique coloniale qui, en 1882, nous a conduit à faire marcher nos colonnes en deux groupes : échelon de combat et convoi, le général de Martimprey avait été un précurseur, puisque lui-même, dès 1859, faisait prendre cette formation dans la plaine des Trifa.

Il est curieux de constater, d'autre part, que plus la tactique coloniale se perfectionne, plus elle tend à se rapprocher de la tactique européenne. Cette répartition précitée, en deux groupes, n'est-elle pas absolument conforme à ce que nous faisons en Europe? Plus on étudie les deux genres de tactiques, plus on constate qu'au fond elles n'en font qu'une, que les principes sont toujours les mêmes, que seuls les procédés varient dans l'application, suivant le terrain, les circonstances et surtout le tempérament tactique de l'adversaire auquel on a affaire.

Mais l'un des enseignements les plus instructifs que procure cette campagne de 1859, est celui qui fait ressortir que, quand une puissance comme la France entreprend une expédition d'une aussi grande envergure, expédition qui occasionne en hommes et en argent des sacrifices aussi considérables, cette puissance doit obtenir un résultat en rapport avec ces sacrifices. Ce n'est pas ce qui eut lieu en 1859. Les Beni Snassen, Angad, Mahia et autres tribus marocaines reçurent évidemment une leçon salutaire, mais ce n'était pas suffisant.

Le maréchal Bugeaud synthétisait très bien cette méthode, quand il disait « qu'une expédition non suivie d'occupation ne laissait pas de trace plus durable que celle faite par le sillage d'un navire sur la mer immense ».

Donc, après Aïn Taforalt, après le coup de sabre, après avoir montré aux Marocains qu'il était inutile de lutter contre nous, il fallait occuper le massif des Beni Snassen et toute la région qui s'étend de la frontière à la Moulouya. Et nous le pouvions parfaitement, la situation politique d'alors s'y prêtait admirablement : le sultan du Maroc, à ce moment, réunissait ses contingents pour marcher contre l'Espagne, qui venait de lui déclarer la guerre. Il avait, par conséquent, bien autre chose à faire que de s'occuper d'une région qui, en somme, ne faisait vraiment partie de l'empire du Maroc que depuis peu de temps, depuis le traité de la Tafna (1844).

L'Espagne ne pouvait être que satisfaite de la diversion que nous allions créer en empêchant les tribus riffaines de la Moulouya de marcher contre ses troupes. Quant à l'Angleterre, en ce qui concernait le Maroc, les questions terrestres l'intéressaient beaucoup moins que les questions maritimes, et toute son attention, à ce moment, était concentrée sur Tanger, menacé par l'Espagne.

D'ailleurs, la situation politique s'y prêtait tellement, que le maréchal Randon, ainsi que nous l'avons vu, fit étudier la question par le général de Martimprey ; peut-

être ne l'envisagea-t-il pas sous son véritable jour, mais
le fait même d'y avoir pensé prouve bien que cette solution ne lui paraissait pas rentrer dans le domaine des
événements irréalisables.

Quoi qu'il en soit, il est profondément regrettable que
la France, à ce moment, ne se soit pas avancée jusqu'à
la Moulouya ; le maréchal Bugeaud pressentait bien,
d'ailleurs, toute l'importance de ce bond vers l'Ouest,
quand il disait, le 3 juillet 1844, dans une lettre déjà
citée (1), adressée au prince de Joinville..... « L'époque
favorable pour prendre Fez serait les premiers jours de
mai ; mais il ne faudrait pas attendre cette époque pour
en rapprocher sa base d'opérations, c'est-à-dire les
magasins de vivres et de munitions. Ainsi donc, dans
les premiers jours de mars, on pourrait s'établir sur la
Moulouya, y faire un bon poste (2) ». Cette tête de pont
sur la Moulouya nous aurait permis, peu à peu, par une
politique habile, et surtout par la méthode d'infiltration,
d'étendre notre influence jusqu'à Taza, et d'une façon
tellement sûre, qu'en vingt-quatre heures, nous aurions
pu, en cas de besoin, y pousser une colonne légère.
C'eût été là une situation qui aurait pesé certainement
d'un grand poids à Fez, sur le Sultan et le Maghzen,
toutes les fois qu'ils auraient eu à prendre une décision
concernant la France.

C'est ainsi peut-être que la question du Maroc aurait
pu être résolue sans grandes difficultés, presque naturellement, et cela depuis de longues années. En tout cas,
il est indéniable qu'avec le tempérament oriental, s'in-
clinant toujours devant la force du sabre comme devant
une « fatalité », il y a tout intérêt à rapprocher le sabre

---

(1) Voir p. 118.
(2) Le maréchal Bugeaud au prince de Joinville, 3 juillet 1844
(A. H. G.).

« le plus près possible », à le transformer, en quelque sorte, en épée de Damoclès.

D'ailleurs, si le général de Martimprey a eu la « vue un peu courte » en ce qui concerne cette question de la frontière, il y a lieu d'invoquer, en sa faveur, comme circonstance très atténuante, qu'elle lui fut assez mal présentée par le maréchal Randon, qui ne semblait l'envisager uniquement qu'au point de vue militaire.

En résumé, en ce qui concerne l'expédition proprement dite, en dehors de quelques temporisations qui ne s'expliquent pas très bien, mais qui ont pu être provoquées par des raisons plausibles, il faut reconnaître que le général de Martimprey l'a très habilement préparée et conduite. Comme il le dit lui-même dans une lettre adressée le 23 septembre au maréchal Randon, il avait pour mission « non pas de soumettre les Beni Snassen, Angad, Mahia, etc., et d'étendre notre frontière, mais uniquement de leur demander la « Dia » ou prix du sang de nos soldats et colons tombés sous leurs coups » ; en un mot, il devait leur infliger une leçon sévère, avec des garanties pour l'avenir. Nous avons vu qu'il exécuta fidèlement cette mission, et cela malgré l'épidémie terrible de choléra qui, dès le début, s'abattit sur les colonnes.

Dans ces tristes moments, il fit même preuve d'une haute force morale et d'une sage prévoyance, tout d'abord en ne se laissant pas influencer par les progrès foudroyants de l'épidémie, ensuite en se rendant très bien compte que, dans une telle situation, il n'y avait qu'un seul remède : la marche en avant (1).

Évidemment, l'épidémie a laissé planer, autour de

---

(1) « Le général de Martimprey montra, dans ces circonstances, une énergie et une ténacité remarquables. La situation semblait désespérée ;

cette campagne, des souvenirs pénibles, mais elle aura
du moins servi, au point de vue de l'hygiène dans les
pays chauds, à faire ressortir certains enseignements
précieux.

On évitera à tout prix, par exemple, de laisser séjour-
ner longtemps, dans les camps, de grosses agglomérations, et surtout de leur faire exécuter de gros
remuements de terre, ou bien encore, on leur affectera
un personnel sanitaire nombreux, qui tiendra la main
à la stricte observation des mesures prescrites par l'hygiène moderne.

Il est juste enfin de rendre hommage au chef de l'expédition contre les Beni Snassen, au général de Martimprey qui, fervent disciple de Bugeaud, a su joindre à
toutes les qualités d'un prudent organisateur, celles d'un
soldat habile et énergique.

---

on parlait de renoncer à l'expédition et de la reprendre quand l'état
sanitaire serait amélioré. Le général en chef combattit cette idée avec
énergie et fit preuve d'une résolution qui soutint tout le monde »
(Général Derrécagaix, *loc. cit.*, p. 90.)

DOCUMENTS ANNEXES

Rapport du commandant Bachelier sur le combat de Zouïa, le 31 *août* 1859.

Lalla Maghnia, 31 août, 6 h. 30 soir.

Comme j'ai l'honneur de vous l'annoncer par ma lettre n° 142 (affaires arabes), je suis parti aujourd'hui 31 août, à 6 heures du matin, de Maghnia, avec l'escadron de chasseurs de France, les deux escadrons de spahis et 300 cavaliers du goum.

Mon intention était uniquement de parcourir la plaine et de m'assurer que les Marocains avaient évacué notre territoire.

J'avais donné l'ordre au caïd des Beni Bou Saïd, de partir de l'oued Zouïa et de se porter à ma rencontre ; le lieu fixé pour la réunion était le Kerkour Sidi Hamza.

Arrivé à Ras Mouïlah, j'ai entendu une vive fusillade dans la direction de Zouïa ; j'ai supposé que les Beni Bou Saïd étaient aux prises avec quelques fractions marocaines et j'ai mis immédiatement ma colonne au trot, en me dirigeant de ce côté-là.

Effectivement, les Beni Bou Saïd étaient aux prises avec les Angad ; j'ai lancé sur ces derniers le goum des Ouled-Mellouk, qui les a promptement et vigoureusement repoussés.

Ne voulant pas laisser les nôtres *s'aventurer* trop loin et ne voulant pas surtout laisser dépasser la frontière sur laquelle arrivait un fort goum marocain, je les ai fait rentrer et j'ai pris la direction de Sidi Zaher dans l'ordre de marche suivant :

Les chasseurs et les spahis en colonne par escadron, les goums en tirailleurs à l'arrière-garde.

En agissant ainsi, mon intention était de me retirer lentement et de ne pas engager les chasseurs et les spahis ou du moins de ne les engager que sur un bon terrain et à la dernière extrémité.

Je marchais en bon ordre lorsque tout à coup a débouché sur mon flanc gauche un goum très nombreux (1,200 cavaliers environ) composé de Mahia, de Sdjâa, de Beni Snassen et de cavaliers réguliers, qui ont immédiatement fait feu sur nous.

1

Le goum s'avançait en ligne ayant à sa tête Mohammed Ben-Abd-Allah.

A sa vue, les cris : « Voilà le Sultan! Voilà le Sultan! » ont été proférés par les Marocains et nos goums, et ces cris ont redoublé lorsque ce sultan a lancé lui-même une espèce de fusée.

A ce signal, nos goums saisis d'une panique indescriptible sont partis à toute bride, malgré les efforts que nous avons faits pour les retenir et ont entraîné dans leur mouvement les chasseurs et les spahis auxquels ils ont crié : « Au trot, les chasseurs ! ».

Alors le goum marocain a fondu sur nous avec une ardeur incroyable et jeté dans les rangs une démoralisation telle que, malgré les efforts des officiers, les spahis et les chasseurs n'ont pu être reformés qu'au pied des hauteurs de Sidi Zaher.

J'ai fait reprendre l'offensive et les Marocains se sont vite retirés.

Mais cette retraite précipitée et en si mauvais ordre nous a coûté assez cher et j'ai à vous annoncer les pertes suivantes : 17 tués, 2 blessés, 11 disparus.

Les uns ont été tués par la fusillade de l'ennemi, d'autres sont tombés de cheval, d'autres enfin ont été pris parce que leurs chevaux se sont abattus et ont refusé de marcher.

Après ce qui s'est passé aujourd'hui, mon Général, je ne puis accorder la plus petite confiance aux goums de nos tribus ; je les crois fanatisés et tout disposés, ou au moins en grande partie, à suivre la cause du Sultan, qui est accompagné d'El-Hadj-Mimoun, de Bou-Bekr et peut-être même du caïd d'Oudjda.

La situation me paraît excessivement grave et je crois que le seul moyen d'empêcher l'invasion marocaine et la défection de nos tribus est de former immédiatement un camp considérable à Ras Mouïlah.....

Rapport du chef de bataillon Lecoq, commandant le IIᵉ bataillon du 2ᵉ régiment de Tirailleurs, sur le combat de Sidi Zaher, le 1ᵉʳ septembre 1859.

Ghar Rouban, 7 septembre.

J'ai l'honneur de vous informer que, le 1ᵉʳ septembre, je fus attaqué par des forces nombreuses, que j'évalue à 2,000 cavaliers et 1,000 fantassins, commandées par le chérif en personne, qui marchait précédé de sa bannière.

Cette attaque me trouva prêt, car j'étais bien au courant des affaires du pays et certain que l'échec que nos goums venaient d'éprouver, le 31 août, dans mon voisinage, amènerait les vainqueurs à Sidi Zaher pour y manger (selon leurs expressions) une poignée de chrétiens :

deux compagnies de Tirailleurs et une compagnie de voltigeurs du 24ᵉ, en tout 198 baïonnettes.

Le 1ᵉʳ septembre, entre 10 heures et midi, j'avais donc évacué le camp que j'occupais à 1,000 mètres du caravansérail et déjà j'étais établi sur le prolongement des faces d'un petit redan afin de relier ainsi les ouvrages du caravansérail, lorsque, entre 2 ou 3 heures, un de mes officiers, M. Charpille, que j'avais placé en observation avec une quinzaine d'hommes, me fit prévenir qu'il apercevait dans la direction d'Oudjda un cercle immense de poussière.

Je me rendis en toute hâte auprès de M. Charpille et je ne tardai pas à être convaincu qu'enfin on s'avançait vers nous.

Aussitôt je fis rentrer le poste d'observation ; j'envoyai dans le caravansérail nos mulets, nos bagages et les havre-sacs de nos soldats, mais je laissai dressées nos grandes tentes pour que l'ennemi ne pût juger de notre nombre et ne crût pas que nous avions peur, et pour aussi nous en servir en nous masquant derrière elles.

A peine toutes les mesures étaient-elles prises, que l'avant-garde du chérif se présenta sur la hauteur qui couronne mon ancien camp.

Les Arabes étonnés sans doute de ne pas me trouver où l'on m'avait vu le matin, de voir le redan occupé, s'avancèrent lentement en fouillant le terrain, ce qui, par bonheur, me donna le temps de sauver un poste de 5 voltigeurs qui, à 1,800 mètres du caravansérail, gardait nos fontaines.

Je me précipitai avec la compagnie de Tirailleurs commandée par M. le capitaine Veran, entre le lit de la rivière et les Arabes ; je fis monter à cheval les spahis qui se trouvaient sous ma main, et les voltigeurs furent mis hors de danger.

Alors le feu s'engagea vivement car nous fûmes subitement presque entourés ; mais, comme nos soldats n'étaient pourvus que de 60 cartouches, qu'en conséquence il était de la plus grande importance de les ménager précieusement, je rentrai rapidement au camp, protégé par une compagnie de Tirailleurs commandée par M. Bonneval, qui l'avait divisée en petits échelons bien embusqués.

Puis je fis sortir des rangs tous nos meilleurs tireurs auxquels je recommandai de ne faire feu qu'à coup sûr ; je les embusquai à 100 mètres environ de nos faces ; je fis garnir la banquette du redan et nous contînmes ainsi l'ennemi assez longtemps.

Cependant les Arabes gagnaient insensiblement du terrain ; leur nombre allait toujours croissant et ils manœuvraient bien certainement pour essayer de nous enlever.

Convaincu de ces intentions, je réunis mes officiers et leur déclarai qu'il fallait tenter de refouler l'ennemi avant d'être obligés d'aller nous enfermer dans le caravansérail. Je donnai le commandement du redan à M. Charpille en lui disant qu'il formait notre réserve et qu'il ne devait faire feu qu'au dernier moment.

Aussitôt après, la charge sonna ; mes trois compagnies, officiers en tête, s'ébranlèrent avec une impétuosité remarquable. Mes Tirailleurs, les manches retroussées, poussèrent des cris sauvages, effrayants ; mes voltigeurs, mêlés à eux, les imitaient ; aussi, l'ennemi recula.

J'arrêtai notre course à 600 mètres environ. Je fis embusquer derrière des arbres et des broussailles, je fis ouvrir un feu bien réglé par les officiers, qui dura jusqu'au coucher du soleil, puis chacun reprit son poste sur le prolongement des faces du redan, les soldats couchés à plat ventre, baïonnettes en avant.

Nous ne fûmes plus inquiétés et le commandant du cercle vint se joindre à nous entre 9 et 10 heures du soir.

Pendant que nous nous battions, M. Campillo, négociant, et M. Cabel, entrepreneur des travaux de Sidi Zaher, avaient, conformément à mes instructions, avec leurs voitures, formé un carré en avant de la porte du caravansérail pour en défendre l'entrée et me l'assurer. Ces deux messieurs avaient avec eux une vingtaine d'ouvriers et des colons français et espagnols armés, qui obéirent bien et eurent du calme.

Enfin, je termine ce rapport, en citant comme s'étant parfaitement conduits tous les officiers et soldats de mon détachement, qui ont fait éprouver une perte à l'ennemi de 100 à 150 hommes ; un de mes Tirailleurs a été tué.....

Rapport du commandant Beauprêtre sur le combat de Tiouly, le 11 septembre 1859.

Au camp de Tiouly, 11 septembre.

En vous accusant réception de votre lettre d'aujourd'hui 11, j'ai l'honneur de vous rendre compte que les contingents, que je vous ai signalés hier par trois lettres différentes, ont campé cette nuit à environ deux kilomètres de mon camp, et se sont augmentés, dans le courant de la nuit, d'autres contingents qui sont venus les rejoindre.

Ce matin, au point du jour, la colonne de cavalerie du faux chérif s'est mise en mouvement et s'est dirigée sur mon camp, en occupant les crêtes près du marabout Sidi Moussa el Ambri. La cavalerie tournait mon camp et avait déjà engagé un feu très vif sur deux de nos faces ; pendant ce temps, 4,000 fantassins environ descendaient la montagne de Kerkour et remontaient la gorge de l'oued Tiouly. Le IVe bataillon de zouaves était préparé pour les recevoir, et lorsque le moment a été venu, j'ai dû lancer à la charge le IIIe bataillon de zouaves couvert par une bonne ligne de tirailleurs, ayant à son côté

deux compagnies du 13ᵉ bataillon de chasseurs. En même temps que
la ligne de tirailleurs ouvrait son feu sur cette grande nuée de cavaliers, le 6ᵉ escadron du 1ᵉʳ régiment de chasseurs de France, le goum
et le détachement de spahis étaient également lancés à la charge, et
bientôt les cavaliers ennemis les plus engagés ont été englobés par les
nôtres et toutes leurs masses ont fait demi-tour et pris la fuite à toutes
jambes. L'escadron de chasseurs principalement et le goum conduit
avec intelligence par M. Pan-Lacroix ont donné la poursuite, jusqu'à
trois lieues de mon camp, à plus de 2,000 cavaliers. Enfin, les nôtres
ne se sont arrêtés que lorsque leurs chevaux n'en pouvaient plus.
L'ennemi a fui à toutes jambes en se dirigeant vers le Kiss sans essayer
de se reformer et par conséquent sans retour offensif de sa part. En
un mot, c'était une déroute complète. Pendant que la cavalerie fuyait
ainsi, le IVᵉ bataillon de zouaves et une compagnie du 81ᵉ faisaient
éprouver des pertes aux piétons marocains qu'ils avaient près d'eux
et qui n'ont pas tardé à suivre l'exemple de la cavalerie; mais le terrain
difficile qu'occupaient ces piétons ne m'a pas permis de leur faire
donner la chasse par l'escadron de chasseurs. Ils ont pu se retirer sans
trop de précipitation. Néanmoins, abandonnés par leurs cavaliers, ils se
sont retirés en désordre et dans la même direction. A 10 heures, tout
était terminé. La vigueur de l'attaque, qui a fourni une prompte déroute
à l'ennemi, nous a évité bien certainement bon nombre de blessés. Je
n'ai à vous signaler que 2 hommes tués et 8 blessés; ci-joint l'état
détaillé.

Je n'ai qu'à me louer de tout le monde et principalement de la bonne
cordialité de MM. les officiers supérieurs de la colonne, qui me facilite
beaucoup la mission dont vous m'avez chargé. Je dois vous signaler
M. le lieutenant Pan-Lacroix, chef du bureau arabe de Nemours, qui,
avec autant d'intelligence que de vigueur, a entraîné le goum à la
charge et a, avec M. le capitaine Petit, commandant l'escadron du
1ᵉʳ régiment de France, ainsi que le capitaine Moutié, commandant le
IIIᵉ bataillon de zouaves, beaucoup contribué au succès de cette
affaire.

A midi, aucun cavalier marocain n'avait reparu tant sur les crêtes
du Kerkour que sur les plateaux des Souhalia; je pense que la poursuite qu'ils ont reçue, les éloignera au moins pour quelque temps. On
a pu remarquer qu'une trentaine environ de leurs cavaliers sont restés
morts sur notre terrain, ainsi qu'une dizaine de leurs chevaux. Une
vingtaine de chevaux ont été également pris par les nôtres. Je pense
que la perte des contingents à pied est plus grande que celle des cavaliers. Je dois vous signaler aussi, mon Général, que la plus grande
partie des Msarda qui, dans le commencement de l'affaire se tenaient à
l'écart, se sont mis aussi de la partie lorsque la retraite de l'ennemi a

été décidée et l'ont accompagné à coups de fusil aussi loin qu'ils ont
pu. Néanmoins je dois vous rendre compte de la mauvaise impression
que la présence de cette nombreuse colonne marocaine a produite hier
sur les plateaux des Souhalia. La prudence le commandait, il m'était
impossible de l'empêcher. Le 13ᵉ bataillon de chasseurs à pied, qui
n'est arrivé qu'hier à 9 heures du soir, m'a permis de prendre une
revanche que je désirais.

J'ai bien regretté, mon Général, que vous n'ayez pas eu des renseignements suffisants pour envoyer en avant de Sidi bou Djenane quelques escadrons de votre cavalerie, qui auraient pu bien certainement
tomber sur les Marocains en déroute auxquels ils auraient fait subir
les pertes qu'ils auraient voulu. Dans leur fuite, ils ne songeaient même
plus à se défendre.

J'apprends à l'instant que la ligne télégraphique a été coupée ce
matin entre Nemours et Tlemcen ; j'envoie M. le lieutenant Pan-
Lacroix pour la faire réparer. Le début du 6ᵉ escadron du 1ᵉʳ chasseurs de France a été magnifique........

P.-S. — La tente et les bagages du faux sultan ont été pris par le
goum.

Le général de Martimprey au Ministre de la Guerre, à Paris.

Oran, 13 octobre 1859.

Au moment de commencer mes opérations au delà de la frontière
marocaine, il m'a paru nécessaire de faire connaître aux autorités espagnoles des îles Zaffarines et de Melila, très sommairement, les circonstances qui ont motivé ces opérations, ainsi que le but que je me pro-
pose d'atteindre.

Ces communications font l'objet de lettres que j'adresse aux gouverneurs de ces établissements, et lesquelles seront remises à destination
par M. Schousboé, interprète principal de l'armée, qui prend passage,
pour cette mission, sur l'aviso le *Caton*.

Je charge en même temps le commandant du *Caton* d'explorer la
côte et de me rendre compte du résultat de cette exploration qui
s'effectuera d'ailleurs en plein jour, tant à l'aller qu'au retour.

Ce voyage du *Caton* pourra ainsi contribuer à maintenir chez elles,
les populations du Rif (Guelaïa, Kebdana, etc...).

Les gouverneurs espagnols sont bien prévenus que le but de nos
opérations atteint, les troupes françaises rentreront dans leurs garnisons.

J'informe de ces dispositions M. le Ministre de l'Algérie et des
colonies.

État nominatif des tués et blessés dans la journée du 27 octobre 1859 (combat d'Aïn Taforalt).

1ʳᵉ DIVISION D'INFANTERIE.

2ᵉ de zouaves. — Cayron, sergent-major; Mila, sergent; Rollet, Lassalle, caporaux; Mondin, Naud, Renaud, Mollé, Fracetto, Marguerin, Baston, Carignon, Bouvard, Lassalle, Seltenmayer, zouaves, blessés.

2ᵉ de chasseurs d'Afrique. — Chapus, trompette, détaché près du chef d'état-major, blessé.

En tout, 16 blessés.

2ᵉ DIVISION D'INFANTERIE.

État-major. — Boussenard, capitaine, blessé.

13ᵉ bataillon de chasseurs à pied. — Bourdères, adjudant; Mathis, Ferchal, chasseurs, tués; Schwoob, chasseur, blessé (mort depuis); Tassini, capitaine; Lebey-Taillis, lieutenant; Lambert, Broc, sergents; Thomas, caporal; Coineau, Voiton, Voxeur, Maire, Ybert, Delcroix, Rouanet, Salbert, Despret, Réjat, Berton, chasseurs, blessés.

1ᵉʳ de Tirailleurs. — Amar ben Arab, caporal; Djelloul ben Youssef, Mohamed ben Tahar, Tirailleurs, blessés.

En tout, 3 tués, 21 blessés.

Ordre général nº 26.

Au grand quartier général, à Aïn Taforalt, 28 octobre.

Soldats,

Vous venez d'atteindre avec succès le premier but offert à vos efforts. Les ravages d'une affreuse maladie, qui, heureusement, vient de disparaître, n'ont pas plus ébranlé votre force morale qu'ils n'ont arrêté les progrès de vos opérations.

Hier, après une journée glorieuse, vous avez dressé vos camps au cœur d'une montagne où jusqu'ici jamais armée n'avait pénétré; en persévérant, vous obtiendrez bientôt, soyez-en sûrs, les légitimes réparations auxquelles nous ont donné droit des agressions injustes.

Vos généraux, vos chefs de corps viennent de me faire parvenir les témoignages de la satisfaction que leur a causée, dans le combat d'hier, la conduite des troupes sous leurs ordres. J'ai suivi de l'œil, avec plaisir, la régularité de vos mouvements.

Aujourd'hui, je me fais un devoir de porter à la connaissance de l'armée, les noms qui me sont signalés parmi les plus méritants.

Je citerai donc :

DANS LA 1ʳᵉ DIVISION D'INFANTERIE.

2ᵉ de zouaves. — MM. Gambier, lieutenant-colonel, pour sa vigueur dans la journée du 27;

De Sainthillier, chef de bataillon, qui a enlevé les positions avec beaucoup d'entrain;

Moutié, capitaine, commandant le IIIᵉ bataillon, s'est déjà particulièrement distingué dans la journée du 11 septembre;

Lesur, capitaine, a très bien dirigé sa compagnie pendant toute la journée du 27;

Vincendon, capitaine, officier très brave, a enlevé deux positions, notamment celle du col avec beaucoup d'ardeur;

Frachette, zouave, très brave soldat (blessé).

2ᵉ de Tirailleurs. — MM. Péan, capitaine, commande d'une manière remarquable, depuis le commencement de la campagne, son bataillon, qui s'est lancé sur le col en même temps que les zouaves;

Adj Madi, sous-lieutenant, très brave, s'est distingué le 23, à Berkane, où il a désarmé et tué de sa main un Kabyle (blessé).

DANS LA 2ᵉ DIVISION D'INFANTERIE.

13ᵉ bataillon de chasseurs à pied. — MM. de Geslin, chef de bataillon, qui s'est fait remarquer par sa belle conduite, à la tête de son bataillon;

Édon, lieutenant, qui, avec une énergie remarquable, dans une situation pleine de gravité, a enlevé sa compagnie exténuée et est parvenu à occuper une position qui assurait le succès de la journée de ce côté de l'attaque;

Lagasse, sergent-major; Gelhay, sergent; Robinet, caporal, qui ont secondé avec énergie M. Édon.

1ᵉʳ de Tirailleurs. — MM. Suzzoni, chef de bataillon, a imprimé à son bataillon une ardeur remarquable qui a contribué en grande partie au succès de la journée;

Mohamed Ben Larbi, sergent; Nivert, caporal, ont enlevé avec le plus grand entrain la position qui dominait le col d'Orenfou du côté du Nord;

Castellani, sergent; Mustapha el Phaci, Tirailleur, ont planté les premiers leurs fanions sur le village des Grottes.

ÉTAT-MAJOR GÉNÉRAL.

MM. Mircher, Vuillemot, chefs d'escadron; de la Soujeole, Fourgues, capitaines, qui se sont distingués, en toutes circonstances, par leur énergie, leur intelligence et leur incessante activité.

DANS LES ÉTATS-MAJORS.

1re division. — MM. Renson, colonel, chef d'état-major, qui, depuis le commencement des opérations, comme depuis l'invasion de l'épidémie, n'a cessé de donner les plus grandes preuves d'énergie et de courage ;

Carnet, capitaine, qui, atteint par la maladie régnante, n'en a pas moins continué à servir avec le plus grand zèle ;

Pagès, capitaine, aide de camp du général Esterhazy, dont on ne saurait trop louer les services ;

Fourchault, capitaine, faisant fonctions d'aide de camp du général Deligny ; Delloye, officier d'ordonnance du général Deligny, qui ont montré une grande vigueur dans l'action.

2e division. — MM. Spitzer, colonel, chef d'état-major ; Boussenard, capitaine, aide de camp du commandant de la brigade d'attaque (blessé) ; Derrécagaix, aide de camp du général Yusuf ; Philebert, capitaine, de la Direction des affaires arabes d'Alger et attaché auprès du général Yusuf ; tous ces officiers ont prêté un concours plein de courage et d'énergie.

Dans l'intendance. — M. le sous-intendant Altmayer qui, avant l'arrivée de M. Moisez, a dirigé d'une manière très remarquable les services administratifs des troupes réunies sur la frontière ;

M. le sous-intendant Lemaitre, attaché à la cavalerie.

Dans l'artillerie. — MM. Perrault, chef d'escadron, commandant l'artillerie de la 2e division ; Jacquot, commandant l'artillerie de la 1re division ; Lamandé, capitaine ; Courtois, lieutenant en 1er ; Dulon, Delaguepierre, lieutenants en 2e ; Menanteau, Voisin, Penin, Corbeil, maréchaux des logis ; Halter, brigadier, qui méritent d'être cités pour leur belle conduite dans la journée du 27.

Dans le génie. — MM. de Préval, Lanty, Barrillon, capitaines ; Martin, caporal à la 7e compagnie du Ier bataillon ; Beray, maître ouvrier à la 3e compagnie du IIe bataillon ; Lafargue, sapeur-conducteur.

Dans le train des équipages. — MM. Person, vétérinaire ; Aubin, capitaine ; Bourgeois, maréchal des logis chef ; Grime, Maillot, premiers conducteurs.

Je ne terminerai pas cet ordre sans remercier de leur concours les généraux de division Esterhazy et Yusuf ; le général Desvaux, dont la cavalerie n'a cessé de protéger les convois en attendant un rôle réel ; le commandant Bachelier, chargé d'éclairer l'armée avec les goums ; les commandants des brigades d'attaque : le général Deligny, le colonel Archinard; les colonels Tixier et Butet, des brigades de réserve; le commandant Haca et les officiers des affaires arabes si dévoués à leur laborieuse et importante mission; le colonel Michel, dont l'artillerie a puissamment secondé nos efforts; le commandant du génie de Vaufleury, enfin l'intendant militaire Moisez, qui dirige avec sollicitude les services administratifs et hospitaliers.

Je dois payer un tribu tout particulier de reconnaissance à MM. les médecins-majors de 1re classe Prudhomme et Pauly, qui, au milieu de cette épidémie si grave, ont été admirables de dévouement auprès de nos malades. Je cite enfin l'adjudant d'administration en 1er Bourdier, le sergent major-infirmier Léoni et les soldats infirmiers Gallinet et Meunier.

Note sur l'exécution des convois auxiliaires.

Au quartier général, 31 octobre.

Dès la concentration des troupes sur la frontière de l'Ouest, il avait été reconnu que les moyens réguliers de l'administration seraient impuissants. On dut dès lors recourir aux transports auxiliaires par les réquisitions arabes.

Celles-ci portèrent d'abord sur les cercles voisins de la frontière; puis, à la suite de l'accroissement des besoins et des mouvements, elles s'étendirent sur toutes les subdivisions de la province.

En suivant les errements des dernières expéditions, et dans le but d'une bonne et régulière exécution du service, chaque réquisition a compris, autant que possible, les hommes des mêmes tribus ou des mêmes fractions de tribus.

A la tête de chaque convoi a été placé un officier du bureau arabe du cercle dont ce convoi était tiré.

Des spahis et des cavaliers des tribus, en nombre suffisant, enca-draient le convoi et concouraient à assurer les diverses opérations de chargement, de marche et de déchargement.

Lorsqu'un chargement devait être pris pour être transporté d'un point sur un autre, l'officier chargé du convoi recevait une feuille de route indiquant le jour du départ, le nombre de bêtes requises, les quantités de denrées à prendre.

A l'arrivée, on reconnaissait le chargement et l'on en donnait décharge au chef du convoi.

Les tarifs ont été fixés d'après les précédents, comme il suit :

A 3 francs pour chaque journée de marche de mulet ou du chameau; à 1 fr. 75 pour chaque journée de séjour.

Les circonstances ayant exigé l'emploi des ânes, le tarif d'après lequel ceux-ci ont été payés, a été fixé à la moitié de celui ci-dessus.

L'époque des payements qui se sont succédé, a été aussi rapprochée que possible.

Les convoyeurs ayant été autorisés à percevoir des rations remboursables pour eux et leurs animaux, la valeur de ces rations a été imputée sur les sommes qui leur étaient dues.

Dans ces conditions, les convois, dont la direction a été confiée à un capitaine du bureau arabe, ont toujours fonctionné de la manière la plus satisfaisante.

Quant à la dépense générale ressortant de l'emploi de ces convois, on peut, dès à présent, estimer qu'elle sera de beaucoup inférieure à ce qu'elle aurait dû être en raison des quantités qui ont été transportées.

Parmi les convoyeurs arabes, en effet, l'épidémie n'a pas exercé moins de ravages que dans nos troupes ; ceux qui en ont été les victimes, d'autres que la crainte du fléau a portés à fuir, n'avaient point reçu l'intégralité des sommes auxquelles ils avaient droit, et tout fait présumer qu'aucune répétition ne sera jamais exercée de ce côté.

Le général de Martimprey au Ministre de l'Algérie et des Colonies.

Aïn Taforalt, 3 novembre.

Le petit-fils de l'empereur Muley Soliman, dont Muley Abd-Er-Rhaman avait été le successeur illégitime, à l'exclusion des enfants du premier, sort de ma tente. Il est venu de la part de son père, Muley Abd-Er-Rhaman Ould Muley Sliman, qui, s'appuyant sur les tribus berbères du Sud de Fez, cherche en ce moment à ressaisir l'héritage du trône sur lequel Muley Mohammed, fils du dernier empereur, vient de mourir.

J'ai l'honneur de vous envoyer ci-joint les deux lettres que m'a remises le prince. Je lui ai déclaré que je ne voulais pas les ouvrir, qu'il ne m'appartenait pas d'intervenir ni directement ni indirectement dans ces affaires. Je lui ai fait comprendre qu'il ne pouvait rester dans mon camp ni sur la frontière, et, comme il insistait pour ne pas retourner chez son père sans réponse, et qu'il témoignait le désir de s'adresser lui-même directement à notre gouvernement, ne pouvant pas le traiter plus mal que tout personnage qui vient demander l'hospitalité de la France, je ne me suis point opposé à ce qu'il se rendît à Oran ou à Alger ou à Marseille, selon qu'il le désirerait. En agissant ainsi, je n'ai d'ailleurs fait que me conformer aux instructions que j'avais reçues il y a un an, lorsque je commandais la division d'Oran, et que, cette fois, Sidi Sliman, par l'intermédiaire de Sidi Hamza des Oulad Sidi Cheikh (de Géryville), sollicitait l'entrée sur le territoire algérien avec l'intention d'un pèlerinage à la Mecque. Il me fut prescrit de l'accueillir honorablement, comme personne, sans accorder à sa situation politique rien qui put nous engager. Ainsi ai-je fait encore aujourd'hui.

Je ne saurais toutefois me dispenser de dire à V. E., combien il y a d'intérêt à examiner les circonstances dans lesquelles vient à nous ce compétiteur de l'empereur actuel Muley Mohamed, dont l'hostilité envers nous est notoire, autant que ses tendances vers l'Angleterre. Il ne serait pas impossible, je dirais presque qu'il est probable, que les droits de Muley Sliman finiront par triompher. Il a pour lui la masse des Berbères et les influence religieuses du Sud. Il peut subir ainsi plusieurs échecs successifs sans que sa cause soit perdue et, si elle triomphe, nous devons y avoir un intérêt direct, au point de vue de la civilisation, de la politique et de nos relations commerciales qui, tout à coup, pourraient s'ouvrir avec le Soudan et nos possessions du Sénégal.

Ces appréciations personnelles m'ont conduit, en dehors de la convenance qu'il y avait ici, à montrer de la déférence envers le représentant d'une grande famille princière, à entourer ma réserve de tous les égards possibles. J'avais ordonné, à dessein, quelques dispositions d'apparat autour de ma tente, afin de mieux représenter, et je n'étais pas fâché que les musulmans qui abondent dans le camp et, entre tous, El-Hadj Mimoun, vissent de quelle façon chacun compte avec nous.

Sidi Sliman ben Abd-Er-Rhaman Ould Sidi Sliman, fils aîné du prétendant au trône du Maroc, peut avoir 30 ans. Il a toute la distinction de son rang et porte le cachet bien marqué des chérifs de la Maison impériale du Maroc. Il est instruit et intelligent et tout à fait initié aux relations politiques des États.....

Rapport du chef de bataillon de Colomb, commandant la colonne de Bel Khélil, sur le combat de Etnacher Gara (3 novembre 1859).

Ould Mehaoug, 4 novembre.

J'ai l'honneur de vous annoncer que, hier, 3 novembre, j'ai rencontré les Beni Guil à Etnacher Gara ou Gara, à 5 journées au Nord-Ouest de Tigri. Convaincu que la hardiesse et la célérité peuvent seules nous mettre en présence de cet insaisissable ennemi auquel nous avons affaire dans le Sahara, je me suis porté en avant le plus rapidement possible, aussitôt que nos contingents ont été réunis à Tismoulin, décidé à m'enfoncer dans l'Ouest jusqu'aux extrêmes limites des campements des Beni Guil. La pire chance était de rencontrer réunis les contingents de cette tribu et ceux des Mahia, et de leur livrer un combat sans résultat bien défini; mais dans l'état de trouble et d'anarchie où sont ces populations, il était plus que probable que lorsque nous paraîtrions au milieu d'elles, elles se disperseraient, laissant aux fractions attaquées le soin de se défendre.

Le 2, j'étais à El Mehaoug, et les éclaireurs que j'avais envoyés en avant m'ayant amené un berger des Beni Guil, qui me donna des renseignements positifs sur les campements ennemis, je laissai mon convoi avec une garde suffisante et je partis vers 10 heures du soir avec le goum, suivi de près par la compagnie du bataillon d'Afrique et 600 fantassins arabes.

Le 3, vers 9 heures du matin, j'aperçus le premier douar des Beni Guil et je lançai une partie du goum, gardant l'autre en réserve et suivant à très petite distance.

Les Beni Guil surpris, débordés de tous côtés, se défendirent mollement; ils abandonnèrent leurs tentes dressées et leurs moutons, ne songeant qu'à sauver leurs chameaux en les conduisant dans les gorges étroites du pays montagneux où ils étaient campés.

Il me fallut quatre heures de galop pour dépasser leurs campements avec la réserve et pouvoir me mettre en position de protéger la partie du goum qui était chargée de la razzia. J'arrivai ainsi jusqu'à des hauteurs nommées Hameïda, d'où nous avions en vue le Djebel el Teldj où sont les principales sources de la Moulouya ; nous étions alors à une journée de marche seulement de Gada el Guerâa dans les forêts de laquelle sont, m'a-t-on dit, réfugiés les Mahia.

Les cavaliers du goum de razzia emmenant leurs prises se repliaient sur les ghedir de l'oued Saïbat. L'ennemi, par un retour en arrière, est venu les y attaquer, mais il a été repoussé par l'infanterie qui est arrivée juste à temps pour cela.

Les fractions des Beni Guil qui ont été razziées sont : les Oulad Ali ben el Haisein, les Oulad Ramdan, les Oulad Brahim, les Oulad Mouloud.

Nous leur avons enlevé : 803 chameaux, 26 chevaux, 49 bœufs, 133 ânes, 14,560 moutons ou chèvres, et tout ce que le goum a voulu ou pu emporter de bagages et d'ustensiles de toute espèce.

Le chiffre de 14,560 moutons est celui que j'ai constaté ici lorsque j'ai pu me rendre maître des prises. En estimant à peu près ce que le goum a égorgé et gaspillé, ce qui a été abandonné sur la route comme trop faible pour suivre, je crois que le dommage réel causé à l'ennemi, est d'environ 20,000 moutons ou chèvres.

Les Beni Guil, d'après ce que j'ai pu voir, ont eu 25 hommes tués ou blessés ; de notre côté nous avons 3 hommes blessés et 6 chevaux tués.

J'ai couché le soir même au milieu de leurs campements sur les ghedir de Saïbat ; ils sont venus nous tirer quelques coups de fusil, mais ils n'ont rien entrepris de sérieux.

Les prisonniers que nous avons faits et que j'ai renvoyés ce soir,

m'ont dit que depuis plusieurs jours la tribu connaissait notre mouvement, mais que personne n'avait eu un instant l'idée qu'il nous fût
possible de venir jusque sur ces campements à cause de l'éloignement,
à cause surtout des grandes distances sans eau qu'il fallait franchir
pour y arriver.

Les goums ont été pleins d'ardeur pendant l'action.

Sidi Hamza s'est conduit de manière à faire tomber, d'une manière
absolue, tous les soupçons qui s'étaient élevés contre lui pendant ces
derniers jours et que j'avais adoptés un instant.

Son fils Sidi Bou Beker mérite une mention toute particulière.

Enfin, mon Général, j'ai beaucoup à me louer des services et de l'entrain de MM. Marty, lieutenant adjoint au bureau arabe; Verchet,
lieutenant, commandant la 6ᵉ compagnie du bataillon d'Afrique;
Discours, sergent à la même compagnie; Perrin, maréchal des logis au
2ᵉ de spahis; Osman Bironboch, spahi.

Je serai le 7 sur les ghédir de l'oued bou Lardjem entre Aïn bel
Khelil et le Tendrera; je m'y débarrasserai de la razzia en la partageant
aux capteurs et en vendant la part de l'État, et je me tiendrai prêt à
recevoir vos ordres et à suivre la direction que vous voudrez bien me
donner.

Si vous le désirez, je puis encore me jeter par 3 ou 4 marches
rapides sur les Oulad Sidi Ali et les Oulad Farès, qui sont campés à
l'oued Khoukhat au delà de Matarka, et qui, très probablement me
croyant très occupé à conduire la razzia à Géryville, ne songeront ni à
fuir ni à se garder.

J'attendrai vos ordres à Bou Lardjem.

*Rapport du général Durrieu, commandant les
colonnes du Sud, sur la razzia faite le 5 novembre
sur les Mahia et les Angad.*

Garet El Nous, 7 novembre.

Votre dépêche d'Aïn Taforalt, du 31 octobre, m'informait le 2 novembre, à Sebdou, de la marche que le général Desvaux devait faire
de nuit sur les Zakkara et me prescrivait de me porter rapidement
vers l'Ouest pour profiter de la panique produite par ce mouvement
offensif et chercher à atteindre les tribus en fuite par les débouchés
qui conduisent de la plaine des Angad vers le Sud.

Le 3 au matin, je quittais, en conséquence de vos instructions, mon
bivouac de Sebdou avec ma cavalerie et mes goums de Mascara, Saïda
et Daya, rejoignant à Sidi Djilali mon infanterie et me faisant rallier
en chemin par les contingents du cercle qui se trouvaient à ma
portée.

Le 4, gréé et équipé pour 8 jours, je me portais sur le seul ghedir qui eût encore de l'eau de l'oued Archa. C'est de ce point, à 10 lieues de Sidi Djilali, que j'ai organisé et fait partir à 5 h. 30 du soir, le lieutenant-colonel Michel avec la cavalerie et les goums, pour se porter sur des douars des Mahia qui avaient été vus, le matin, à Foum Metroh.

La lune favorisant la marche, le lieutenant-colonel Michel était à 11 heures du soir sur l'oued El Aï, à 8 lieues d'El Archa. Après un repos, il a repris sa marche dans la direction des feux que les éclaireurs avaient signalés. A 6 heures, les douars étant en vue, le goum des Oulad El Nhar et Angad fut lancé, et le colonel s'avança en bataille, la cavalerie régulière au centre. Au premier coup de fusil, l'agha Caddour ben Morphi, avec le goum de Mascara, s'avança compact pour soutenir le goum de Sebdou engagé. Des douars nombreux et des troupeaux considérables ayant été signalés derrière la montagne, les goums de Saïda et de Daya se détachèrent pour aller s'en emparer. Caddour ben Morphi soutint le mouvement vers la gauche, toute résistance ayant cessé du côté du goum de Sebdou. Le colonel, avec la cavalerie régulière, suivit ce mouvement, pressant sa marche pour soutenir les goums de Saïda et de Daya fortement engagés; la vue seule de la cavalerie régulière paralysa la résistance de l'ennemi, qui abandonna ses douars et ses troupeaux entre nos mains.

Ce premier avantage obtenu, le colonel croyait sa mission terminée lorsqu'une immense émigration se présenta tout à coup devant lui, à une distance d'une lieue environ, bien défendue par une masse de cavaliers qui en formaient l'arrière-garde. C'étaient les Oulad Ali ben Talaha qui, chassés par le général Desvaux, débouchaient par le défilé de Metroh en pleine montagne des Beni Bou Zeggou. Le colonel n'hésita pas un instant et ordonna une charge générale des goums, les soutenant de très près avec sa cavalerie régulière. A mesure qu'il avançait, il voyait grossir devant lui la masse des fuyards; le moment lui parut arrivé de chercher un résultat tout autre que celui d'une simple razzia, auquel il s'était appliqué primitivement.

En un instant, 10,000 chameaux, 150,000 moutons étaient déjà derrière lui, et il trouvait enfin l'occasion de nous venger de la trahison de Sidi Zaher. L'escadron de spahis, le sabre à la main, fut lancé sur une masse compacte de fuyards démoralisés; cette charge, vigoureusement conduite par le capitaine Marchand, eut un plein succès : 200 cadavres marquaient les traces des spahis; tout était, chez l'ennemi, désordre et confusion; c'était le dernier coup. Il ne restait au colonel qu'à songer au retour.

Il était 10 heures. Les troupeaux, les chameaux furent alors mis en route vers l'infanterie en marche, et les escadrons disposés pour soutenir la retraite. L'ennemi, trop abattu, n'a pas songé à l'inquiéter. La seule préoccupation du colonel devint la conduite des troupeaux. Ayant trop peu de monde pour faire tout suivre, il dut renoncer à la majeure partie des prises, faute de conducteurs; du reste, les moutons, maigres et fatigués par des émigrations constantes, tombaient par milliers.

Le véritable résultat à poursuivre était obtenu : les auteurs de l'attaque perfide de Sidi Zaher étaient sévèrement châtiés.

Pendant la retraite, quatre chefs des Angad et Mahia sont venus demander l'aman au colonel, promettant de se soumettre aux conditions qu'on voudrait leur imposer. Il leur accorda une trêve pour enterrer leurs morts et fixa la limite au lendemain midi. Ils ont été exacts au rendez-vous.

Les résultats de ce brillant coup de main, qui fait honneur à la vigueur et à l'intelligence du colonel Michel, ont été : 300 hommes tués ou blessés à l'ennemi (Mahia et Angad), 2,000 chameaux chargés, 30,000 moutons et une cinquantaine de chevaux, 350 fusils et un butin considérable. Deux drapeaux pris à l'ennemi, les armes et chevaux appartenant aux spahis et chasseurs repris, etc.....

Les femmes et les enfants restés en notre pouvoir ont été respectés et remis en liberté.

Le colonel Michel, dans le rapport qu'il m'a adressé, se loue de tout le monde; les spahis méritent cependant, ajoute-t-il, une mention particulière; M. Marchand, leur capitaine, blessé dans la charge, les a conduits avec une grande vigueur.

Le capitaine Colonieu, lui a été d'une utilité de tous les instants. Il cite également le commandant Bonvoust, du 2e de chasseurs d'Afrique, et le capitaine Lèques, du 2e de spahis.

Arrivé avec l'infanterie vers 2 heures à Garet El Nous, sur l'oued El Aï, je n'ai pas tardé à apercevoir la tête de la colonne se repliant vers moi. Quatre compagnies d'infanterie sont parties immédiatement pour soutenir au besoin la retraite; comme je l'ai dit plus haut, l'ennemi ne l'a pas inquiétée. Ce vigoureux coup de main ne nous coûte que 6 hommes tués et 12 blessés, parmi lesquels le capitaine Marchand, légèrement atteint à la tête.

Les résultats immédiats de ce beau coup de main, dans lequel en 30 heures l'infanterie a fait 20 lieues et la cavalerie 36 presque sans s'arrêter, ont été la terreur répandue dans toutes les montagnes environnantes, la venue immédiate au camp du marabout Sidi Hamza Muley Tegùa Feït, des chefs des Beni Yala, dont j'ai réglé immédiatement les conditions de soumission, selon l'autorisation que vous m'avez donnée, et qui m'ont remis tous les otages que je leur ai demandés. La situation s'est complètement éclaircie et vous pouvez tout espérer, mon Général, pour le prompt rétablissement de la frontière dans des conditions normales et durables. Jamais, jusqu'à présent, une armée française n'avait campé sur l'oued El Aï, à 30 lieues Ouest de Sebdou.

Au moment de clore ma lettre, les trois chefs des Mahia, Ben Zherat, Bou Beker, El Agid, entrent dans mon camp demandant l'aman et se rendant à discrétion.....

Ordre général n° 45.

Au quartier général, sur le champ de bataille d'Isly, 9 novembre.

L'armée d'Algérie apprendra avec plaisir les succès que les deux colonnes légères, opérant dans le Sud-Ouest de la province d'Oran sous les ordres du général Durrieu, viennent d'obtenir de leur côté.

Se portant par une marche rapide de 25 lieues sur les débouchés des défilés qui font communiquer les plaines d'Isly avec les hauts plateaux, le général Durrieu a fait subir, le 5 novembre, une razzia immense aux tribus hostiles des Mahia et des Angad que le corps expéditionnaire, à sa descente des Beni Snassen poussait devant lui en marchant du Nord au Sud.

Le général, qui a si habilement frappé ces tribus, entre les mains desquelles on a retrouvé les armes et les chevaux de nos chasseurs et spahis tués à l'attaque perfide de Sidi Zaher, mentionne ceux qui se sont le plus distingués dans cette brillante journée. Je me plais, sur sa désignation, à proclamer les noms : du lieutenant-colonel Michel, qui a conduit l'attaque ; du capitaine Marchand, blessé à la tête en menant à la charge ses braves spahis ; du capitaine Colonieu, commandant du cercle de Sebdou, officier aussi intelligent que dévoué. Envoyé, le 26 octobre au grand quartier général pour y chercher des instructions, il a assisté le lendemain à la prise du col d'Aïn Taforalt, aux côtés du général Deligny. Le commandant Bonvoust, du 2e chasseurs d'Afrique, et le capitaine Lèques, du 2e spahis, ont encore particulièrement contribué au succès, ainsi que le vieil agha El Hadj Caddour Ben Morphi, qui a conduit les goums avec l'ardeur d'un jeune homme. Cette affaire nous a coûté 18 hommes hors de combat, dont 6 tués.

Deux jours avant, à 50 lieues de là, le commandant de Colomb, accompagné du khalifa Si Hamza, atteignait, dans le Sahara marocain, aux sources de la Moulouya, les Beni Guil, ces éternels pillards qui ne connaissent pas de maîtres. De nombreux troupeaux, un butin considérable leur a été enlevé.

Le commandant de Colomb et Si Hamza se partagent les honneurs de ce lointain succès. MM. Marty, lieutenant adjoint au bureau arabe de Géryville ; Verchet, lieutenant du 1er bataillon d'Afrique; Discours, sergent du même corps ; Perrin, maréchal des logis au 2e spahis et le spahi Osman Bironboch sont cités pour la valeur et l'énergie qu'ils ont déployées dans cette expédition pleine de hardiesse. Le fils du khalifa Si Bou Becker Ould Sidi Hamza a montré un élan extraordinaire.

Ainsi, du rivage de la mer aux portes de Figuig, c'est-à-dire sur une ligne de plus de 100 lieues et à plusieurs marches au delà de notre frontière, nos ennemis marocains ont été, en moins de dix jours, atteints et punis et ont dû subir les conditions de réparation que nous leur avons imposées.

Ordre général n° 50.

Au quartier général devant Oudjda, 10 novembre.

SOLDATS DU CORPS EXPÉDITIONNAIRE DE L'OUEST.

Les Beni Snassen vaincus par vos armes, les Mahia, les Angad et les Beni Guil frappés par les colonnes du Sud, Oudjda est aujourd'hui à vos pieds, rachetant à prix d'argent les justes châtiments encourus par ce repaire de malfaiteurs..... (1).
. . . .

Je vous remercie sincèrement, soldats, et, avec vous, je remercie vos officiers et vos généraux de tous ces faits que je suis heureux de proclamer.

Je ne terminerai pas sans rendre justice aux bons services de notre fidèle maghzen d'Oran qui, alors que l'insurrection semblait devoir embraser toute la province, a continué à former l'avant-garde de nos troupes, en bravant les malédictions de leurs coreligionnaires fanatiques.

Je tiens à citer MM. les lieutenants Surtel et Pan-Lacroix, chefs des bureaux arabes de Maghnia et de Nemours, qui, toujours aux avant-postes, y ont fait preuve de capacité, d'énergie et de bravoure. M. Pan-Lacroix a dirigé personnellement deux coups de main pleins d'audace.

Enfin, digne de sa réputation, la gendarmerie commandée par le chef d'escadron Mathis, qu'ont bien secondé tous ses subalternes et particulièrement le capitaine Mesny, a assuré avec une activité infatigable le bon ordre dans les convois et dans les camps.

Au revoir, soldats ! Je retourne à Alger fier de vous avoir commandés et je rendrai compte au Ministre de la guerre de vos bons services, en le priant d'en solliciter la récompense auprès de S. M. l'Empereur dans l'étendue qu'ils comportent.

---

(1) Voir p. 86-87 (texte).

Résumé par jour (du 13 octobre au 10 novembre 1859) des décès des cholériques du corps expéditionnaire.

DATES.	AMBULANCE DE LA			KISS.	BERKANE.	TLEMCEN.	TEMOUCHENT.	NEMOURS.	MAGHNIA.	ORAN.	ARZEU.	TOTAL.
	1re division.	2e division.	division de cavalerie.									
13 octobre		»	»	»	»		1	»			»	1
14 —		»	»	»	»		3	»			»	3
15 —		»	»	»	»		3	»			»	3
16 — ...	116	»	»	»	»		6	»			»	6
17 —		»	»	»	»	*en subul... jusqu'au 22*	4	»	*jusqu'au 22*	*jusqu'au 22*	»	4
18 —		»	»	»	»		6	3			»	9
19 —		»	»	»	»		6	4			»	10
20 —		»	»	»	»		2	2			»	120
21 —	150	306	»	»	»	.	4	6	.	.	3	469
22 —	80	146	4	»	»	7	3	5	10	73	»	328
23 —	36	115	9	»	»	»	3	9	»	1	1	174
24 —	84	107	4	»	»	2	3	3	»	4	»	207
25 —	45	1	»	»	»	2	1	6	»	»	»	55
26 — ...	44	6	»	122	»	1	»	8	3	1	»	185
27 — ...	»	»	5	67	28	»	»	3	»	1	»	104
28 — ...	3	7	1	53	146	»	»	3	»	1	»	214
29 —	»	5	»	44	56	»	»	7	»	1	1	114
30 —	2	7	2	15	25	»	»	2	»	3	»	56
31 —	»	»	1	23	43	»	»	»	»	1	»	68
1er novembre...	2	2	1	31	45	»	»	5	»	»	»	86
2 — ...	»	3	»	20	»	»	»	1	»	»	»	24
3 — ...	2	5	»	30	»	»	1	4	»	»	»	42
4 — ...	»	3	»	18	»	»	1	4	»	»	»	26
5 — ...	3	3	»	9	»	»	»	4	»	»	»	21
6 — ...	1	1	1	20	»	»	»	9	»	»	»	32
7 — ...	2	4	»	»	»	»	»	9	»	»	»	15
8 — ...	1	1	»	»	»	»	»	9	»	»	»	11
9 — ..	»	2	»	»	»	»	»	4	»	»	»	6
Totaux.....	573	724	28	452	343	12	47	140	13	86	5	2,393

ERRATA (Texte).

Page 9, note 3, ligne 5, *au lieu de* quatre *lire* quatorze.

Page 13, note 1, ligne 5, *au lieu de* De nouveau chef d'état-major général *lire* Aide-major général de l'Empereur.

Page 13, note 1, dernière ligne, *au lieu de* 1873 *lire* février 1883.

Page 34, ligne 9, *au lieu de* et de 15 jours d'orge pour un effectif d'environ 15,000 hommes *lire* pour un effectif d'environ
15,000 hommes et de 15 jours d'orge.

BIBLIOGRAPHIE

A) Manuscrits.

1° Sources contemporaines.

a) Ordres de mouvement, d'organisation, d'administration..... ; Instructions de tout genre ; Dépêches télégraphiques..... (Archives historiques de la guerre, *Correspondance de l'Algérie*, années 1844 et 1859).

b) Correspondance, comptes rendus, rapports d'opérations, ordres généraux, situations d'effectifs, états numériques et nominatifs..... (Archives historiques de la guerre, *Correspondance de l'Algérie*, années 1844 et 1859).

c) Journal des marches et opérations sur la frontière du Maroc (6 octobre—1er décembre 1859), rédigé sous la direction du général Borel de Brétizel, chef d'état-major général du corps expéditionnaire ; Journal des marches de la colonne expéditionnaire du Sud-Ouest (mars à mai 1870) (Archives historiques de la guerre, *Journaux de marches et d'opérations*, années 1857 à 1870).

2° Sources postérieures.

Renseignements divers fournis par MM. les généraux Vincendon, Derrécagaix et par la famille du général de Martimprey.

B) Imprimés.

Colonel Bugeaud, *Du service des avant-postes en Afrique ;*

Colonel Bugeaud, *De la stratégie, de la tactique, des retraites et des passages des défilés dans les montagnes des Kabyles ;*

Général Bugeaud, *L'Algérie ; Des moyens de conserver et d'utiliser cette conquête :*

Lieutenant général Bugeaud, *Mémoire sur notre établissement dans la province d'Oran par suite de la paix ;*

Maréchal Bugeaud, *Aperçus sur quelques détails de la guerre ;*

Instructions pratiques du maréchal Bugeaud, duc d'Isly, pour les troupes en campagne ;

Maréchal Randon, *Mémoires ;*

Général Yusuf, *De la guerre en Afrique ;*

Général Lapasset, *La guerre en Algérie ;*

Instructions du général Bréart, commandant le 19ᵉ corps d'armée (juillet 1890) ;

Général Derrécagaix, *Yusuf, Récits d'Afrique ;*

Colonel C. Trumelet, *Le général Yusuf ;*

Capitaine Mordacq, *La guerre au Maroc ;*

Germain Bapst, *Le maréchal Canrobert, Souvenirs d'un siècle,* t. III ;

Historiques des 1ᵉʳ et 2ᵉ régiments de zouaves ; 1ᵉʳ et 2ᵉ régiments de Tirailleurs ; 2ᵉ régiment étranger ; 13ᵉ bataillon de chasseurs à pied ; 3ᵉ, 9ᵉ, 24ᵉ et 81ᵉ régiments d'infanterie de ligne ; 1ᵉʳ et 2ᵉ régiments de chasseurs d'Afrique ; 2ᵉ régiment de spahis ; 1ᵉʳ et 12ᵉ régiments de chasseurs de France.

TABLE DES MATIÈRES

CHAPITRE V

Enseignements tactiques à tirer de cette expédition.

Pays découvert.

Pays montagneux.

CARTE GÉNÉRALE DES OPÉRATIONS

Redoute du KISS

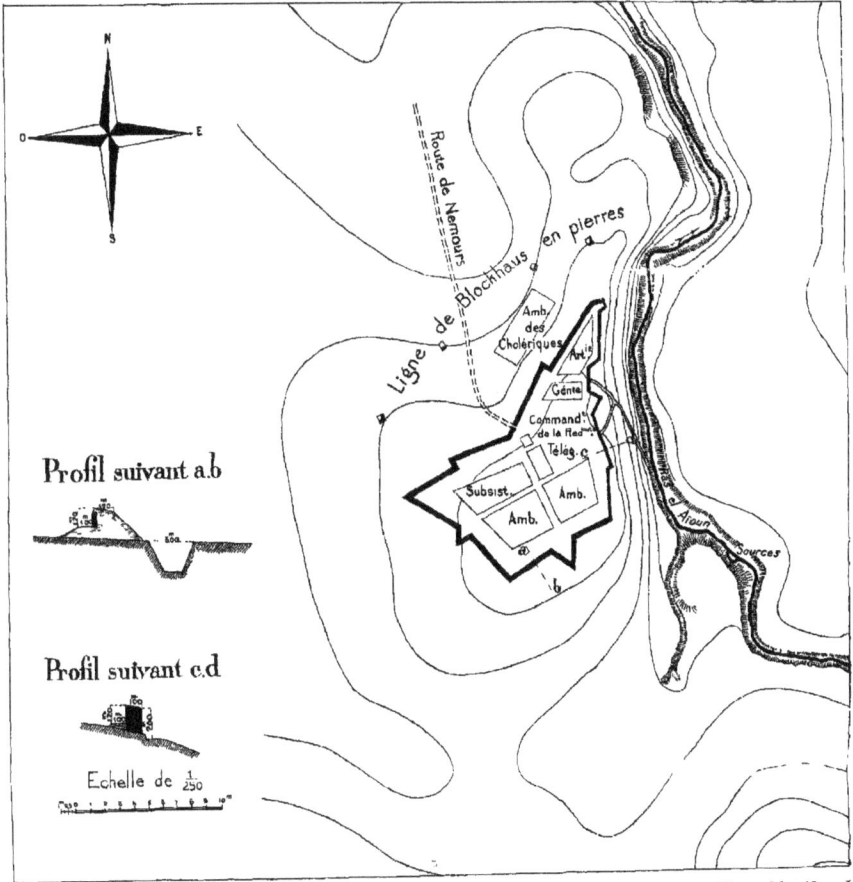

Profil suivant a.b

Profil suivant c.d

Echelle de $\frac{1}{250}$

N
O   E
S

Route de Nemours

Ligne de Blockhaus en pierres

Amb. des Cholériques

Art.ie

Génie

Command.t de la Red.te

Télég. c

Subsist.

Amb.

Amb.

Ataou

Sources

Étude sur la Campagne de 1859 contre les Beni-Snassen

Echelle
$\frac{1}{5.000}$

M   M
0 1 25 50   100   200   300   400   500

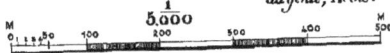

Dessiné au Camp de Sidi M'hamed, le 6 Novembre 1859, d'après le levé effectué par le sous-lieutenant du génie, Reins.

Camp d'Aïn Taforalt

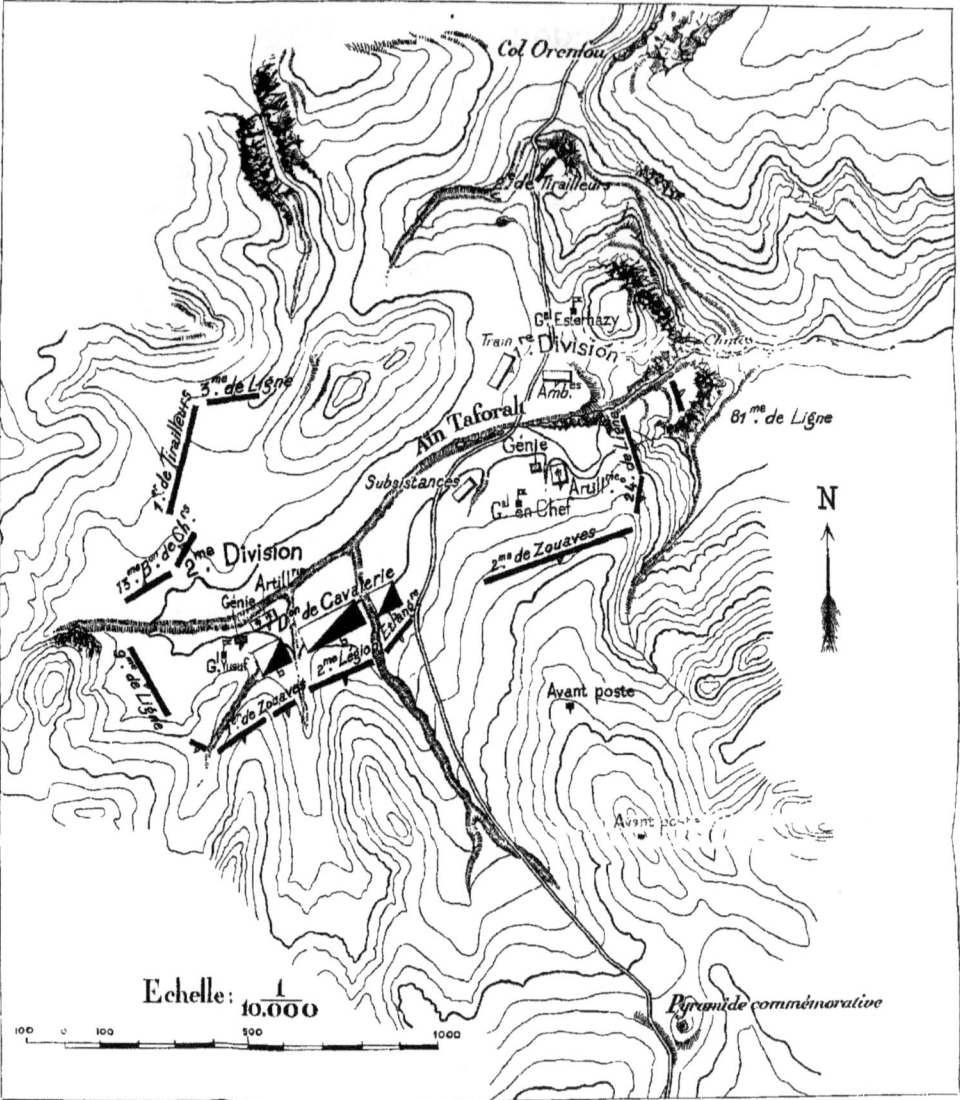

Col Orenlou

2° de Tirailleurs

Gal Esterhazy

Train re **Division**

1re Amb.

3e de Ligne

1e de Tirailleurs

Aïn Taforalt

81me de Ligne

Génie

Subsistances

Gal en Chef

Artillie

2me Division

15e Br de Ch.rs

2e

Artillie

2me de Zouaves

Génie

1re Dion de Cavalerie

Gal Yusuf

2me Légion Étrangère

6e de Ligne

1er de Zouaves

Avant poste

Avant poste

N

Échelle: $\frac{1}{10.000}$

100   0   100   500   1000

Pyramide commémorative

Étude sur la Campagne de 1859
contre les Beni-Snassen

D'après un levé exécuté le
10 Novembre 1859, par le Cne du Génie
Lanty.

Poste retranché de Berkane

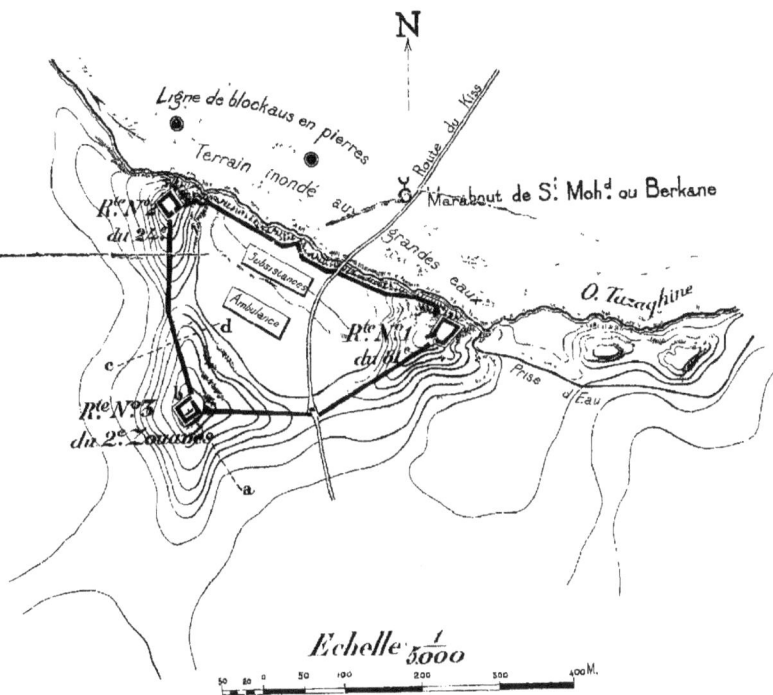

Echelle $\frac{1}{5000}$

50 20 0   50   100   200   300   400 M.

Profil suivant ab

Parapet des 3 redoutes, et traverse de la redoute
n° 3

Profil suivant cd

Parapet des communications

Echelle $\frac{1}{250}$

Camp de Sidi M'hamed, 6 novembre 1859.

Levé par le Cap du Génie Lanty

Étude sur la Campagne de 1859 contre les Beni-Snassen.

Croquis N.º 1

Dispositif de marche
d'une colonne de fort effectif
en pays montagneux

Le Corps expéditionnaire espagnol
dans le Riff
(23 mars 1860)

Effectif : 20 000 hommes

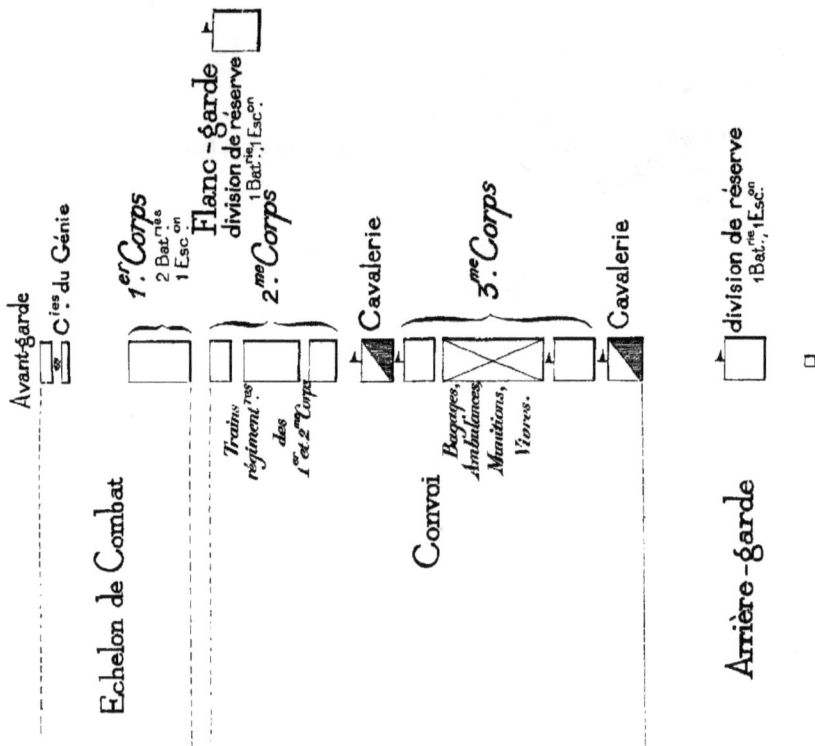

Avant-garde

C.ies du Génie

Échelon de Combat

1.er Corps
2 Bat.nes
1 Esc.on

Trains
régiment.res
des
1.er et 2.e Corps

Flanc-garde
division de réserve
1 Bat.ne, 1 Esc.on

2.me Corps

Cavalerie

3.me Corps

Convoi
Bagages,
Ambulances,
Munitions,
Vivres.

Cavalerie

Arrière-garde

division de réserve
1 Bat.ne, 1 Esc.on

Formation dans laquelle se trouvait la colonne Innocenti au moment de l'attaque.

Combat de Challala (17 mars 1881).

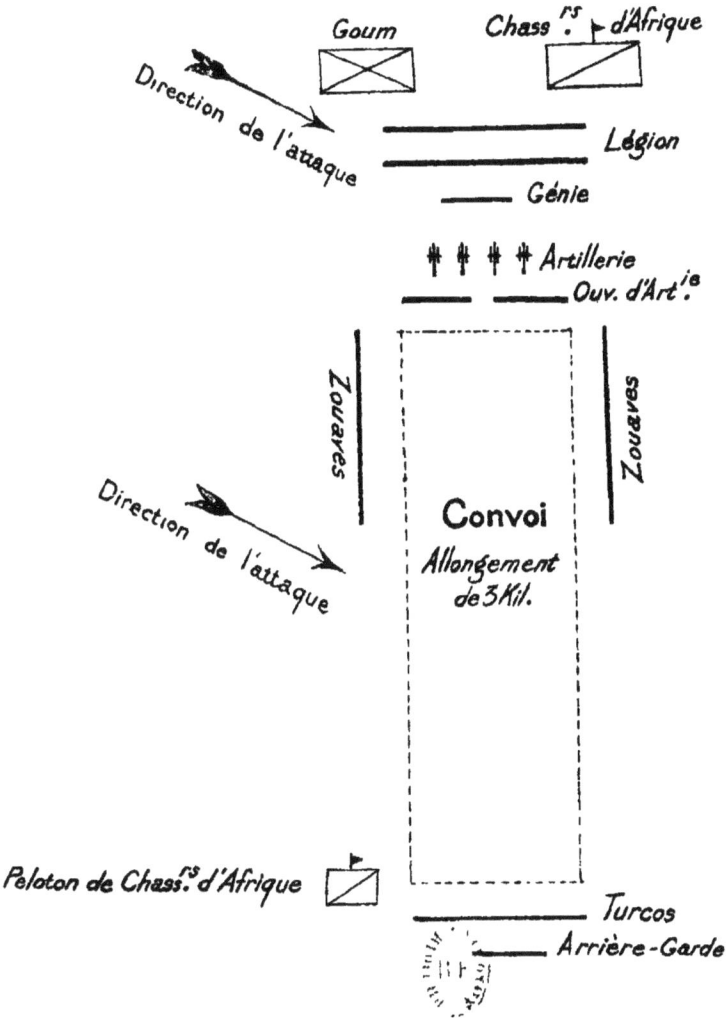

Goum   Chass.^{rs} d'Afrique

Direction de l'attaque

Légion

Génie

Artillerie

Ouv. d'Art.^{ie}

Zouaves

Zouaves

Direction de l'attaque

Convoi

Allongement de 3 Kil.

Peloton de Chass.^{rs} d'Afrique

Turcos

Arrière-Garde

Croquis n° 2

Colonne Négrier.

(1882).

☐ *1 Section*

☐ ☐ ☐

☐ ☐ ⸺ Convoi ⸺ ☐ ☐

☐ ☐ ☐ ☐

☐ ☐ ☐ ☐

☐ ☐ ☐

☐

☐ ☐ ☐ ☐ *Une Comp.ie*

⚕ ⚕ ⚕ ⚕

⚕ ⚕ ⚕ ⚕ *Artillerie*

Echelon
de Combat

≡ ≡

Détachement amb.ces (cacolets)

☐ ☐ ☐ ☐ ☐ ☐ ☐ ☐ *Deux Comp.ies*

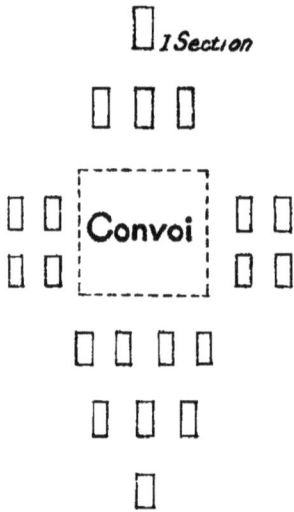

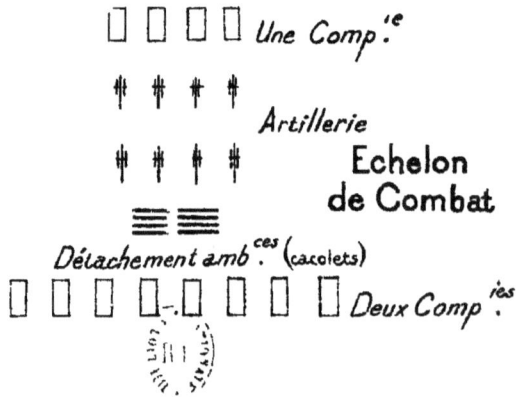

Le goum, la cavalerie et l'infanterie montée étaient a une demi-journée de marche en avant

Formation de marche du corps expéditionnaire du camp du Kiss au camp de Sidi Mohamed ou Berkane.

(21 et 22 octobre 1859).

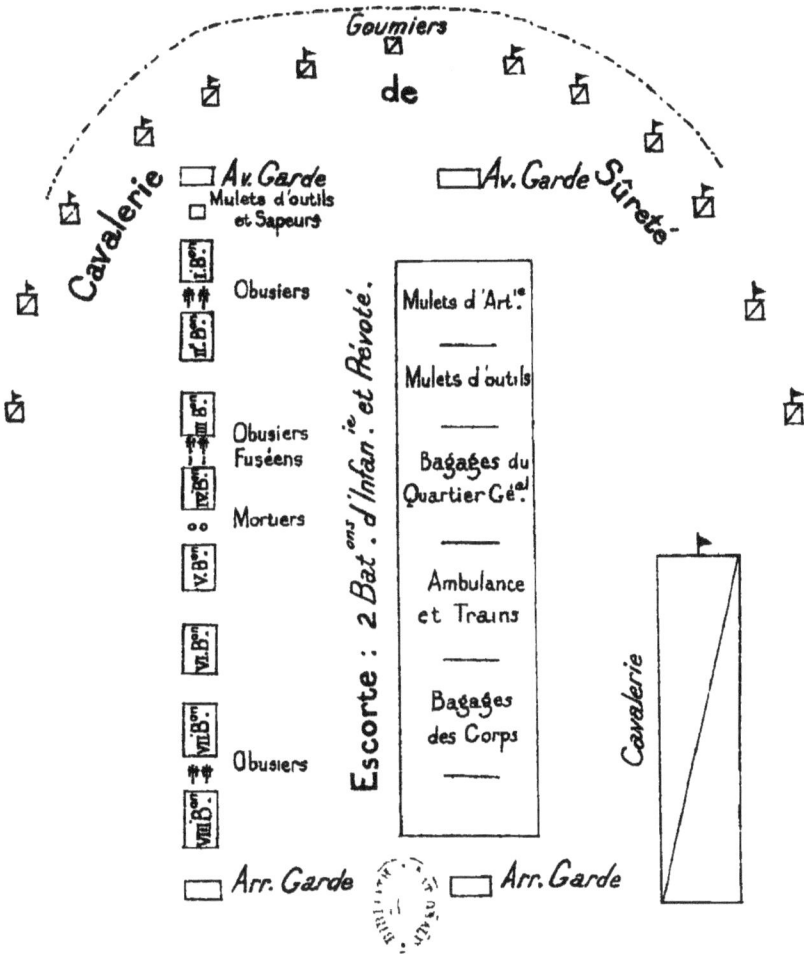

Goumiers

de

Cavalerie

Av. Garde

Mulets d'outils et Sapeurs

Av. Garde Sûreté.

I.B^on

Obusiers

II.B^on

Mulets d'Art^ie.

III.B^on

Obusiers Fuséens

Mulets d'outils

IV.B^on

Mortiers

Bagages du Quartier Gé^al.

V.B^on

Escorte : 2 Bat^ons. d'Infan^ie. et Pévoté.

VI.B^on

Ambulance et Trains

VII.B^on

Obusiers

Bagages des Corps

VIII.B^on

Cavalerie

Arr. Garde

Arr. Garde

Croquis n° 4

Formation habituelle pour un convoi d'une certaine importance

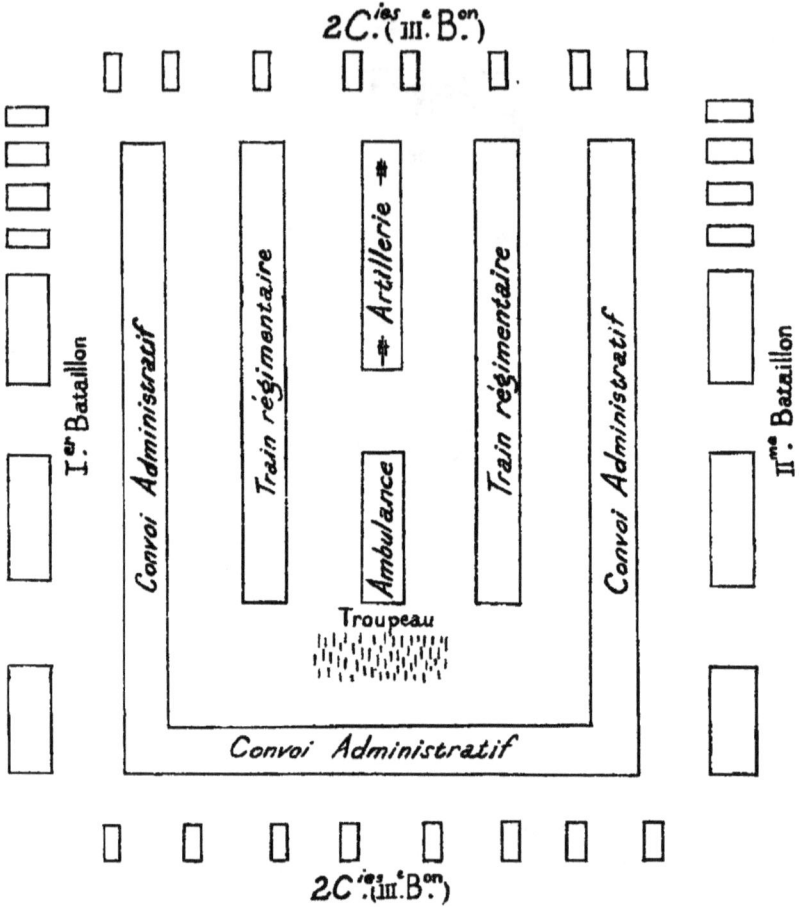

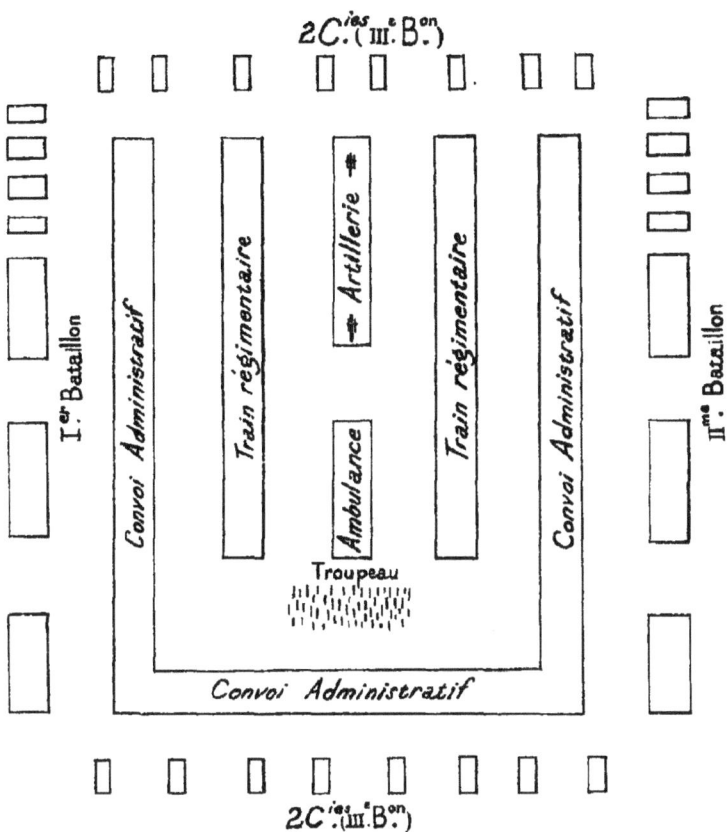

2C.^{ies} (IIIe B.^{on})

Ier Bataillon

IIme Bataillon

Convoi Administratif

Train régimentaire

← Artillerie →

Ambulance

Troupeau

Train régimentaire

Convoi Administratif

Convoi Administratif

2C.^{ies} (IIIe B.^{on})

≣   ≣ Cacolets

Arr. Garde

**Formation prise par chaque division du corps expéditionnaire
dans la plaine des Angad.**

(4 au 12 novembre 1859).

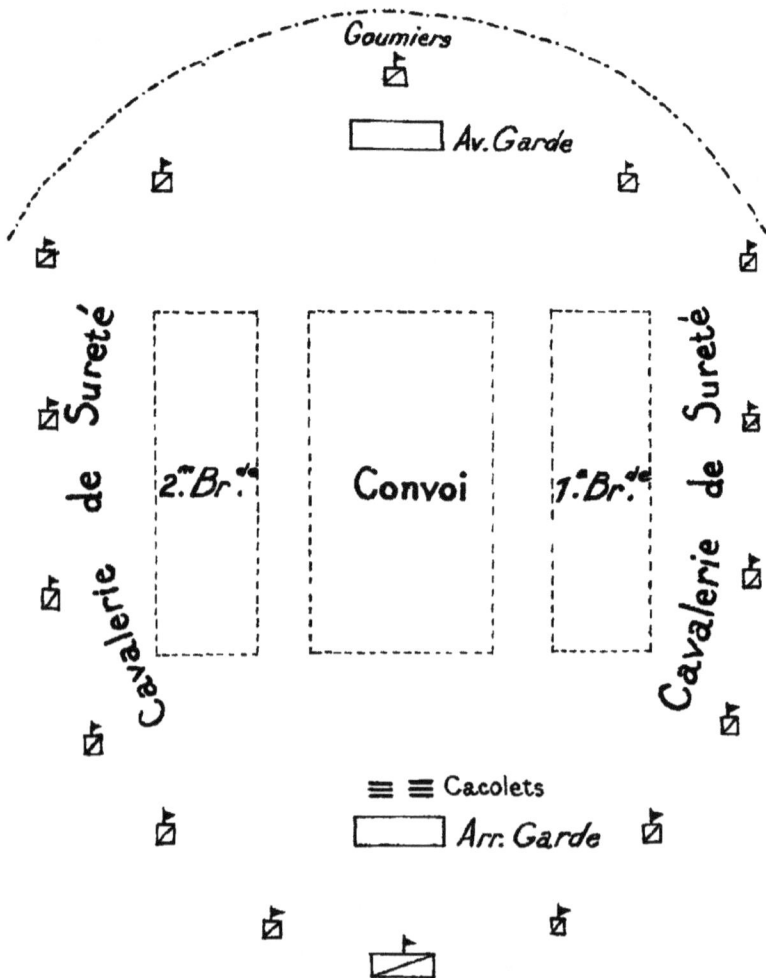

Goumiers

Av. Garde

Cavalerie de Sureté

2ᵐᵉ Brᵈᵉ

Convoi

1ᵉ Brᵈᵉ

Cavalerie de Sureté

≡ ≡ Cacolets

Arr. Garde

Croquis nº 6.

Stationnement en pays de plaine.

(Aïn Djeraoua, 21 octobre 1859).

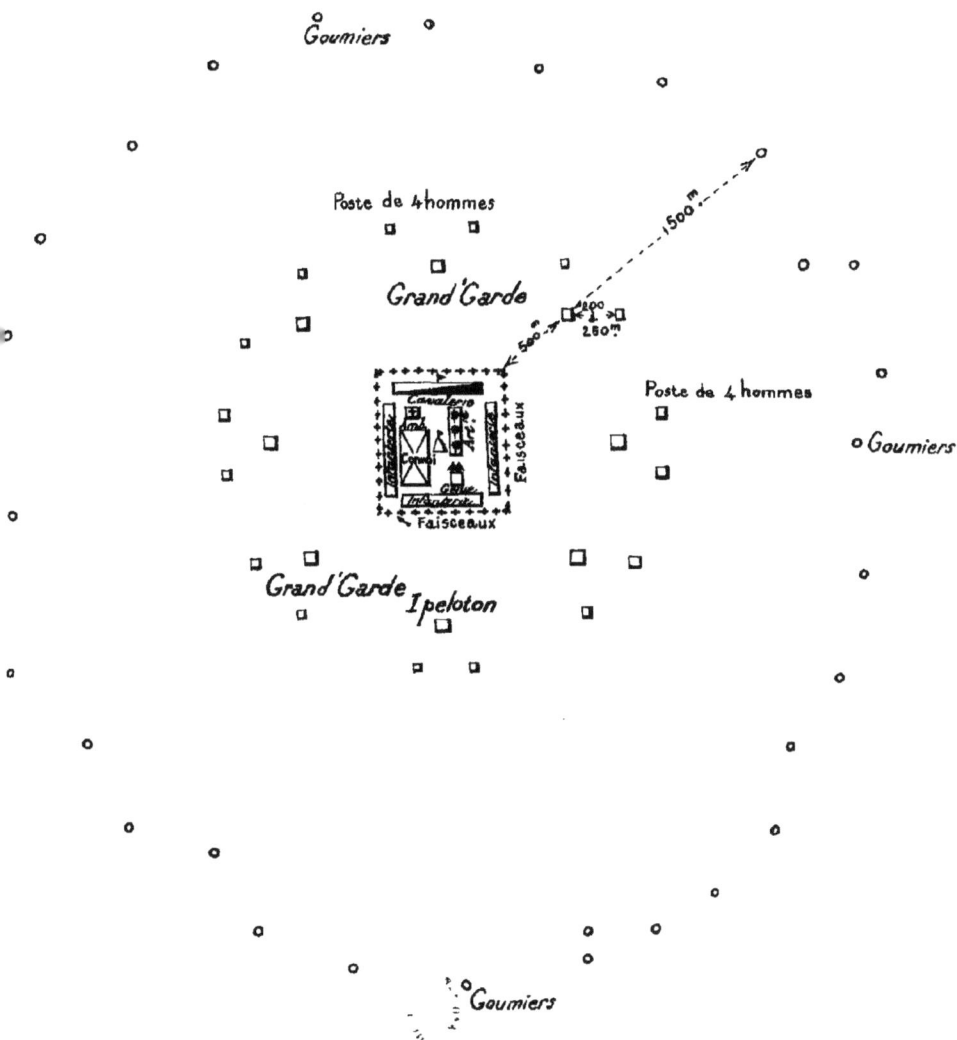

Goumiers

Poste de 4 hommes

Grand'Garde

1.500 m

200
250 m

500 m

Cavalerie

Faisceaux

Faisceaux

Faisceaux

Poste de 4 hommes

Goumiers

Grand'Garde 1 peloton

Goumiers

Croquis n° 7.

**Dispositif de marche d'une colonne de fort effectif
en pays montagneux (près de l'ennemi).**

Corps expéditionnaire de 1859 (27 octobre 1859). — Effectif : 15,000 hommes.

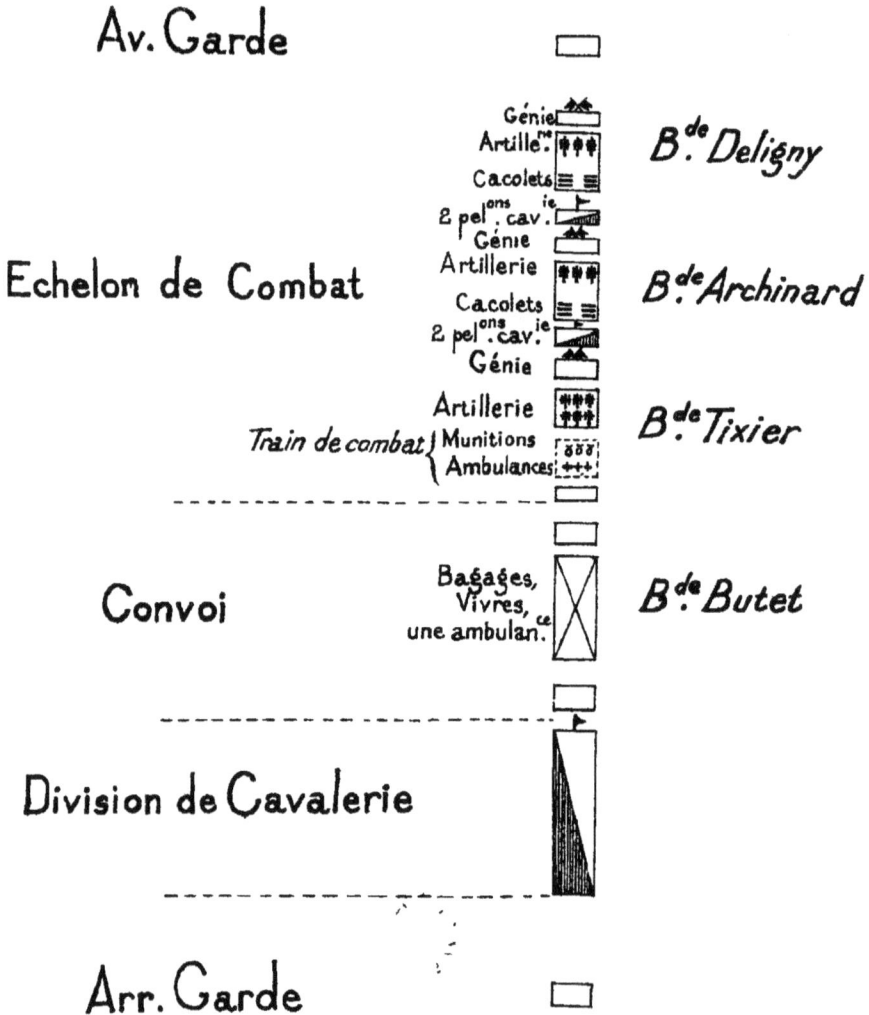

Av. Garde

Génie
Artille.ʳᵉ
Cacolets
2 pelⁿˢ. cav.ⁱᵉ
Génie

B.ᵈᵉ Deligny

Echelon de Combat

Artillerie
Cacolets
2 pelⁿˢ. cav.ⁱᵉ
Génie

B.ᵈᵉ Archinard

Artillerie
Train de combat { Munitions
Ambulances

B.ᵈᵉ Tixier

Convoi

Bagages,
Vivres,
une ambulan.ᶜᵉ

B.ᵈᵉ Butet

Division de Cavalerie

Arr. Garde

Croquis nº 8.

Marche d'une colonne de fort effectif en pays montagneux
(loin de l'ennemi).

Corps expéditionnaire de 1859 (4 novembre 1859). — Effectif : 13,000 hommes.

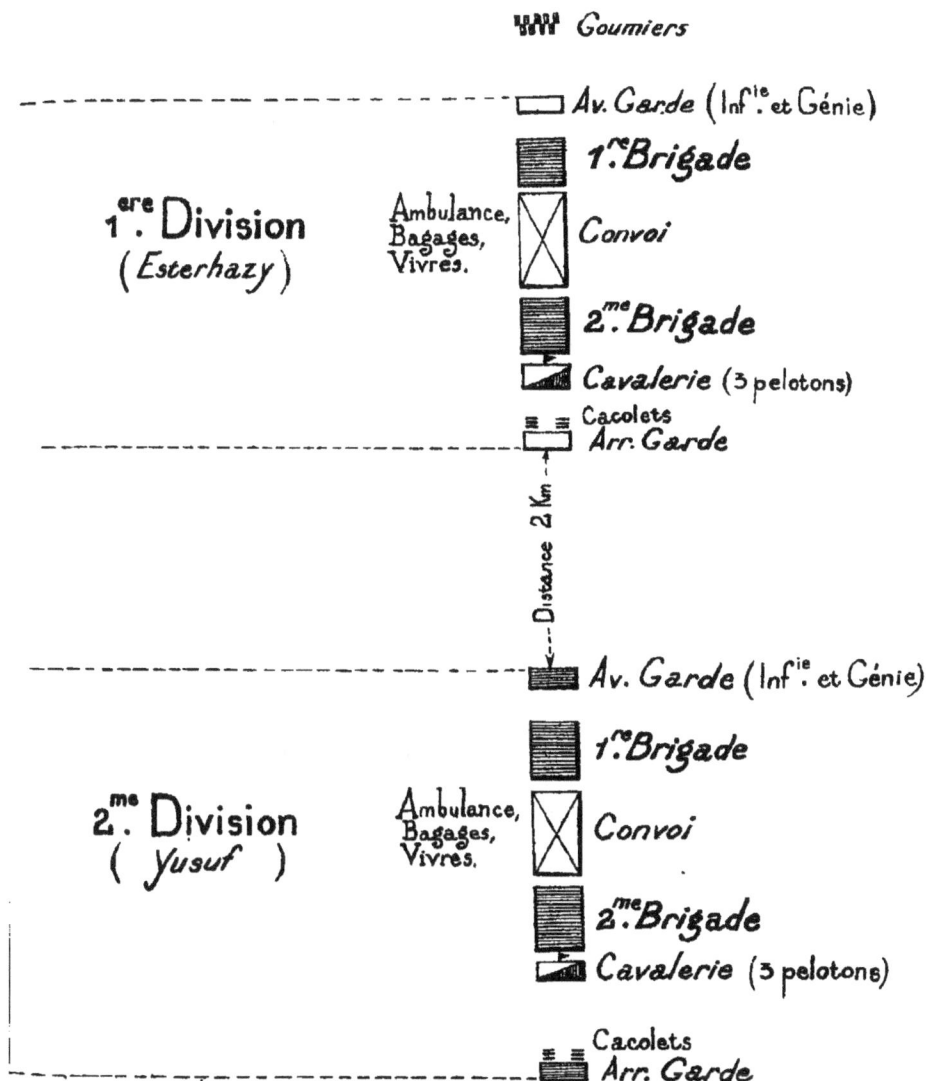

Goumiers

Av. Garde (Inf.ie et Génie)

1.re Brigade

1.ere Division
(Esterhazy)

Ambulance, Bagages, Vivres.

Convoi

2.me Brigade

Cavalerie (3 pelotons)

Cacolets
Arr. Garde

Distance 2 Km.

Av. Garde (Inf.ie et Génie)

1.re Brigade

2.me Division
(Yusuf)

Ambulance, Bagages, Vivres.

Convoi

2.me Brigade

Cavalerie (3 pelotons)

Cacolets
Arr. Garde

La division de cavalerie était partie la veille avec une mission spéciale.

CARTES, PLANS ET CROQUIS

Carte d'ensemble pour l'étude des opérations.

Plans de la redoute du Kiss; du camp d'Aïn Taforalt; du poste retranché de Berkane.

Croquis nº 1. — Dispositif de marche d'une colonne de fort effectif en pays montagneux; le corps expéditionnaire espagnol dans le Riff (23 mars 1860); effectif 20,000 hommes.

— nº 2. — Formation dans laquelle se trouvait la colonne Innocenti au moment de l'attaque (17 mars 1881).

— nº 3. — Colonne Négrier (1882).

— nº 4. — Formation de marche du corps expéditionnaire du camp de Kiss au camp de Sidi Mohamed ou Berkane (21 et 22 octobre 1859).

— nº 5. — Formation habituelle pour un convoi d'une certaine importance.

— nº 6. — Formation prise par chaque division du corps expéditionnaire dans la plaine des Angad (4 au 12 novembre 1859).

— nº 7. — Stationnement en pays de plaine (Aïn Djeraoua, 21 octobre 1859).

— nº 8. — Dispositif de marche d'une colonne de fort effectif (15,000 h.) en pays montagneux (près de l'ennemi) (27 octobre 1859).

— nº 9. — Marche d'une colonne de fort effectif (13,000 h.) en pays montagneux (loin de l'ennemi) (4 novembre 1859).

———

PARIS. — IMPRIMERIE R. CHAPELOT ET C⁶, 2, RUE CHRISTINE.

———

.

A LA MÊME LIBRAIRIE

Paris. — Imp. R. Chapelot et Cⁱᵉ, rue Christine, 2.

www.ingramcontent.com/pod-product-compliance
Lightning Source LLC
Chambersburg PA
CBHW070411090426
42733CB00009B/1630